脆弱的假自尊

爲何再怎麼努力，內心仍然空虛不安？

全美暻——著　鄭筱穎——譯

나를 아프게 하지 않는다

상처만 주는 가짜 자존감, 나를 지키는 진짜 자존감

謹以此書獻給

我摯愛的家人們

好評推薦

孩子：「大家都在玩這個遊戲，我也要玩！」青少年：「大家失戀都會難過，我失戀了也必須難過！」成年人：「大家都背名牌包、做醫美，我也必須跟上！」在這個「大家都＝我也是」的瘋狂時代，這是本我一直想找尋的、可以帶領人們重回真自尊、真幸福的好書！

——馬大元（作家、網紅精神科醫師）

自尊感是人類與生俱來的需求，每個人都渴望成為真正的自己。自尊感並不是靠功名成就贏得的，而是勇於接受失敗後產生的強大意志。這本書可以說是我們每個人的故事，忘了幸福是什麼的我們，飽受挫折、陷入低自尊困境的年輕人們，都該看看這本書。

——權俊秀（首爾大醫學院教授，韓國神經精神醫學會理事長）

在競爭激烈、凡事只講究效率、新自由主義盛行的韓國社會中，戴著「假自尊」面具的人比比皆是。衷心期盼這本書能成為契機，讓更多人能夠理解認識何謂真自尊，並落實在教育中，讓社會結構和教育體制可以獲得改善。

——宋孝燮（西江大學教育研究所教授）

「認真你就輸了！」這句時下流行語，反映出生活中很多時候，我們會因為自尊感而覺得自己狼狽不堪——尤其在面臨競爭失敗或陷入沉重的無力感時，更是如此。然而，在讀完這本書後，赫然發現這些問題最大的原因，皆源自於假自尊作祟。這是一本「獨讀樂，不如眾讀樂」的好書，值得我們每一個人細細閱讀。

——李榮澤（百想經濟研究所所長）

全美曙院長是療癒無數人心的精神科醫師，一直以來陪伴著許多年輕人，帶給他們希望與溫暖。願每一個曾被假自尊傷害過的妳／你，在讀完這本書後能找回真正的自尊，重拾內心的力量。

——任明浩（檀國大學心理系教授）

目錄

Lesson 3

尋找真正的自己

Lesson 4

建立真自尊的重點

Lesson 5

如何提升自尊感？

Lesson 6

邁向成熟的自尊

自序

不知道幸福是什麼

我所經營的身心精神科診所，位於某個偏遠的小城鎮上。在這座城市裡，一個行政區內有多達五所大學，還曾因此登上金氏世界紀錄。或許正因如此，來找我的患者以大學生和年輕上班族居多，他們向我傾訴自己的故事，訴說著內心的空虛、挫折和傷痛。然而在這過程中，我也看見他們的努力。雖然他們是因為無法憑一己之力擺脫困境才會來找我，但為了解決問題，他們也付出了很多心力。

即使身兼多職、忙著打工賺錢，為了實現自己的夢想，不斷積極充實自我做足準備；為了提升職場上的專業技能，利用下班時間上補習班進修學習，這些人都很努力生活，但努力不一定會有好的結果，縱使偶然成功，也不見得可以持續下去。不過，這段艱辛的心路歷程，其實是在鍛鍊強韌的心靈肌肉。無論未來人生遇到任何困境，都有足夠的力量堅強面對。可惜的是，他們卻對這點渾然不知。

「我不知道幸福是什麼。」我經常聽到許多人這麼說。就算認真努力生活，依然感受不到幸福，因此開始變得頹廢消極，得過且過地混日子，生活看似輕鬆許多，卻還是一樣不幸福。

我們很容易像牧場的羊群一樣盲目從眾。學生時期盲目地追求成績分數；上大學後，對未來的職涯規劃也一樣盲目跟風；畢業後找工作時，一窩蜂學別人準備公務員考試；進公司後，卻不知道自己當時為何選擇這份工作，每天庸庸碌碌地打卡上班，找不到工作的意義。雖然偶爾也會想尋找屬於自己的生活，但又認為那是充滿不確定性和危險的事。

如果跟羊群一樣盲目地活著，就會想跟周遭身旁的人變得一樣。正因如此，只要覺得自己跟旁人稍有不同，就會變得很敏感。看到比自己差的人獲得肯定時，會覺得自己好像不被當一回事；看到有人比自己厲害時，又覺得自己毫無價值，自尊感變得越來越低落。

另一方面，也會對遙不可及的生活，抱著不切實際的幻想。媒體不斷報導各種誇張的炫富行徑，映入眼簾的往往不是貼近日常生活的畫面，而是跟自己物質條件相去甚遠的富豪世界。外在世界越富足，內在的匱乏感卻越來越重。即使不斷自我安慰，不必在意別人怎麼看，只要過好自己的生活就好，卻還是會不自覺想和別人比較，誤以為有錢才能擁有幸福。因為無法像別人一樣過著富裕的生活，替這樣的自己感到悲哀，渴望跟別人一樣成功，藉此獲得他人的肯定，就這樣一步一步踏入了「假自尊」的陷阱。

坐在我面前、向我傾訴著這些故事的他們，也羨慕著有醫生頭銜的我。然而，我也曾跟他們一樣，落入無止境的比較迴圈。我自認是沒見過世面的鄉巴佬，因為一路從國小、國中、高中到大學，我都是在鳥不生蛋的鄉下地方念書，可以說是名副其實的井底之蛙。無論是在醫學院念書，或是在醫院工作時，即使不想跟其他學長姐或學弟妹比較，也時常不由得自嘆弗如，因為身邊很多人都是出身名門，家世相當顯赫。

不過，我是「寧為雞首，不為牛後」的性格，因此在從小長大的鄉下地方開診所，對我來說，是再理所當然不過的事。在首爾已經有很多知名的精神科專業醫師，但即使是在這種鄉下地方，一定也會有需要幫助的人。隨著時間流逝，在幫助這些患者的同時，也讓我走出了屬於自己的路，認清自己毋須與他人比較，才因此成為了一名真正的醫生。

有些患者從我還在醫院當專科醫師時就跟著我，直到現在將近十多年的時間。陪伴他們一路從二十到三十歲、三十到四十歲、四十到五十歲，在這段過程中，看到他們的生活也改變許多，身為精神科醫師的我，也跟著他們一起成長。能遇見這些患者，是我莫大的幸福。有些患者偶然得知我中午會帶便當，甚至還會刻意幫我加菜，燉蓮藕湯、煮紅燒牛肉給我吃。也有人特地預約掛號，不是來找我訴苦，而是為了跟我分享他們的喜悅。

由於來找我的大多是年輕患者，有時候他們不一定需要心理諮商，而是想和我聊一些生活瑣事。曾有位二十歲的網紅漫畫家，因為合約的問題苦惱很久，來找我做心理諮商時，我們聊的都是關於合約的事情。這是身為鄉下診所醫生的樂趣，在偏鄉的生活，很容易因為一點小事感到快樂，進而從中找到成就感和歸屬感。也有研究結果指出，許多知名成功人士都是在鄉下長大。不過，有時也會出現尷尬的窘境，像是去澡堂泡澡不小心遇到患者時，因為害怕跟對方袒裎相見，我只好假裝沒看到或溜之大吉。

因為清楚知道自己不是學術界的料，所以打從一開始，我就沒有留在醫學院當教授的想法。再加上我的診所不是開在競爭激烈的首爾，因此也從來沒有想過要成為名醫。不過，我還是有自己的人生目標。儘管身為一位精神科專科醫師，但我發現自己在各方面的生活歷練不足，不懂的事情還很多，例如在年紀尚輕的時候，對於已婚患者們遇到的婆媳問題，我經常感到束手無策。每當遇到這種狀況，我就會到媽媽社團做功課，努力貼近她們的生活，理解她們的心情。在濟州島醫院工作時，由於聽不懂濟州島的方言，常常和當地的阿嬤們雞同鴨講，於是特地請一位護士在旁邊充當翻譯，一邊學習方言，一邊幫患者進行諮商。最近這幾年，為了避免以自己的偏見隨便評斷年輕世代的文化，也更深入地去理解年輕人的世界。最重要的是，我不會只停留在醫學院唸書時、研究專業領域時學到的知識，而是會積極去尋找最新的研究和相關資料。也因為這樣，每一天都過得很充實忙碌。身為醫生的我，也在盡自己最大的努力，想要做到更好。

然而，偶爾也會遇到我幫不上忙的患者，我會盡快介紹他們到其他醫院就醫治療。我不會因為自己幫不上忙而感到難過，因為我深信也會有別的醫生治不好的患者，是我能夠幫得上忙的。如果所有的醫生都擁有相同的能力，世界上哪還需要這麼多醫院呢？

我並沒有因為醫生的頭銜，擁有自覺高人一等的自尊感。我也是歷經了說長不長，說短不短的時間，不斷修正調整自己，培養自己的內心強大，才到現在這個位置。若不是因為這樣，我可能也會汲汲營營於追求更多的成就，渴望獲得別人認同，連自己有什麼優點都不知道。我不禁好奇究竟這段時間以來，我捨棄掉的是什麼？我努力想獲得的是什麼？這或許是我開始深入研究自尊感這項課題的契機。

◆◆◆

現今社會中，許多人因為自尊感低落，內心飽受煎熬。這些人坐在我面前，訴說自己內心的痛苦。

「我的人生完蛋了，居然考上這種鳥大學。」

「在這種父母底下長大，我怎麼可能會幸福？」

「不是只要能賺大錢就好嗎？」

他們抱怨的不外乎是出生的環境，或是既定的結果，這些無法改變的事情。然而，人生中總有許多偶然，我可以做的，就是把「偶然」化成「必然」，扭轉自己的命運。把不能改變的事情當成縱線，可以改變的事情當成橫線，努力編織出屬於自己的人生。這是客觀的事實，且趨近於真理。

不要因為既定的結果感到痛苦，這樣會阻礙自己重新改寫命運的可能性。我一直思考如何用更淺顯易懂的話來闡述這項道理，唯有明白真理，我們才能得到真正的自由。

「自尊感」成為當今時代的話題，未嘗不是件好事，這表示越來越多人渴望能活得像自己。尋找真實的自我，是人類與生俱來的需求，是我們一生中追求的目標。因此，知道如何活出真實的自己，是相當重要的。不能因為現實殘酷，就輕易放棄追求自我；也不要害怕被別人瞧不起，就戴上面具刻意偽裝自己。

我經常看到許多人，為了讓自己看起來很厲害，硬逼自己去做明明不擅長的事。因為無法客觀看待自己，埋沒了自己本應能好好培養的天賦，這其實是一種自我傷害。我們都不想讓別人傷害自己，雖然有時難免還是會受傷，但至少不要自己傷害自己。這就是為什麼我想要透過這本書，跟大家談談自尊感的課題。在這本書裡，將以六堂課的形式，讓大家能更理解所謂的「自尊感」。這六堂課不一定要按照順序閱讀，也可以從自己感興趣的地方開始讀起。

跟隨你心中的火焰，
而不是追隨世界對你的期待，
叩問自己的內心，挖掘內在的潛能。
不要追求你感興趣的東西，那只是短暫片刻的，

要認清楚自己是誰，追求內心真正想要的，
唯有如此，才能永保初心，熱情不滅。

以上是出自德國作家漢斯・克歐帕（Hans Kruppa）的一席話，意思是不要追隨一時感興趣的事情，而是要好好察覺內在，跟隨自己的內心。唯有如此，我們才能對生命持續懷抱熱情。火焰是理性的象徵，也是意志的象徵。在希臘神話中，原本只有神能擁有的火焰，當普羅米修斯把它交付給人類時，人類也因此從神那裡獲得自由。在我看來，普羅米修斯的火焰，正是自由的象徵。擁有真正的自尊，相信自己的理性和意志，就是所謂的自由。期盼透過這本書，點燃每個人心中彌足珍貴的火焰。

第 1 課

什麼是自尊？

內心貧窮的人是長不大的孩子，

總是處於渴求匱乏的狀態。

——摘自許然《五十公尺》

1 比起空虛，寧願受傷

「我就是太低自尊了！」我曾遇過患者一進診療室，劈頭直接說這句話。我偶爾也會感到不可思議，究竟從什麼時候開始，「自尊」變成大家經常掛在嘴邊的口頭禪？從入口網站公布新世代年輕人熱搜關鍵字來看，自尊是唯一榜上有名的心理學名詞。看到「自尊感」這三個字，居然和「歐洲旅行、單身友善餐廳」並列為網路熱搜關鍵字，內心有一股說不上來的微妙感。

自尊感似乎不再是少數人的困擾，而是每個人都會經歷的課題。不久前，金燦浩教授出版了一本新書《羞恥感：關於羞恥和自尊的情感社會學》，看到這本書問世，不禁感嘆有多少人因為自尊感瓦解，內心飽受煎熬。最近青少年自殘事件層出不窮，也大多與自尊感課題相關。他們內心對世界充滿憤怒，對自己的人生感到無力，導致自尊感嚴重低落，才會走上自殘這條路。

一個人好空虛，但自殘後血淋淋的疼痛感，會讓我覺得自己還活著。

我氣到整個人失控，熊熊怒火在心中燃燒，不自覺地拿起美工刀朝手腕劃下。奇怪的是，在那一刻，我一點也不覺得痛。結果，幾天前卻因為新買的皮鞋不合腳，腳後跟磨破皮，痛到很想死。現在回想起來，覺得自己實在很好笑。明明手腕動脈都被割破了，居然沒有任何疼痛的感覺。那時的我應該是瘋了，才會做出那樣的舉動。

對這些人而言，自殘是為了擺脫內心的空虛和無力感。雖然很痛苦，但這是他們唯一可以透過自由意志決定的事情。採取極端的手段，會讓自尊感跌入看不見的谷底深淵。成癮和暴食症也是自殘的一種，許多患者們會無意識地瘋狂滑手機，一滑就是好幾個小時，或是每天酗酒、不停狂吃。他們這些行為是不自覺的，自己本身並沒有意識到。自尊感低落的人，經常會出現同樣的症狀。

自尊感儼然已是現代社會備受關注的議題，但不同派系的學者們針對「自尊感」這個名詞，也都有各自的定義和解讀方式。深入理解這些不同的觀念，有助於提升我們的自尊感。因為這些觀念是來自合理且正確的資訊，具有正向影響力。

在心理學界，自尊感是比過去更廣泛被使用的術語，但在精神醫學界仍是相當陌生的觀念。這是為什麼呢？因為在精神醫學領域裡，處理的議題均是負面問題，但自尊感、勇氣、幸福……這些都是正面觀點。就好比健康的人不太會去思考健康，是同樣的道理。

引進並注重自尊感觀念的心理學先驅，主要以人本主義心理學家為大宗。其原因與心理學發展的過程有關。由佛洛伊德❶開創，強調潛意識世界的精神分析學派是心理學第一大勢力；另一派則是類似像巴夫洛夫（Ivan Pavlov）❷的狗實驗，通過研究外在行為探究人類心理的行為學派是心理學第二大勢力。後來出現的人本主義心理學，與上述兩種理論完全背道而馳。比起分析潛意識與外在行為，人本主義心理學更重視人類的自由意志和自我實現，被稱作是心理學第三大勢力。

卡爾・羅傑斯（Carl Rogers）❸是人本主義心理學派的代表人物。他認為人類最終的目標，是成為完全發揮功能的人（fully functioning person）。一個充分發揮自我功能的人，會全然地活在當下的每一刻，並找到自己存在的意義。因為內在對自己充滿信心與信任，不會受到別人的判斷或評價干擾，而能持續朝自己想要的方向前進。

卡爾・羅傑斯提出人類具有自我概念（self-concept）的觀點。自我概念是什麼？從自我概念的形成要素來看，很容易可以理解。自我概念主要由三項要素組成。首先，第一是自我價值（self worth），又稱自尊感（self esteem），指我們「對自己的看法或評價」。

再來，第二是自我形象（self image），意謂著我們「認為自己在他人心目中的形象」。自我形象的塑造，會影響性格的形成。簡單來說，如果一個人對自己的外貌沒有自信，覺得自己不好看，個性會更趨於內向。

❶ 佛洛伊德（Sigmund Freud），奧地利心理學家、精神分析學家、哲學家，精神分析學派的創始人，是二十世紀最有影響力的思想家之一。

❷ 巴夫洛夫（Ivan Pavlov），俄羅斯生理學家、心理學家、醫師。以「巴夫洛夫的狗」實驗而提出古典制約而聞名。

❸ 卡爾・羅傑斯（Carl Rogers），美國心理學家，人本主義心理學的主要代表人物之一。首創非指導性治療，又稱以案主為中心的治療、以個人為中心的治療，強調人類具備自我調整以恢復心理健康的能力。

最後，第三是理想自我（ideal self），是指我們「期待自己成為的樣子」。羅傑斯認為，當現實自我與理想自我差距愈大，自尊感會愈低落。此外，因為希望自己的存在被肯定，心裡會極度渴望獲得別人的認同。

納撒尼爾．布蘭登（Nathniel Branden）[4]更進一步深入探究自尊感問題，他認為建立自尊感的兩大關鍵在於「價值與能力」。此論點後來影響了許多學者，直至今日，自尊感的定義仍以這兩項要素為基礎。布蘭登將價值解釋為自我尊重（self-respect），能力解釋為自我效能（self- efficacy）。

所謂的自我尊重，用一句話概括定義，就是「我愛我自己，並認同自己享有幸福的權利」。這項自我尊重的價值觀點也擴展至社會，間接促成了普世人權的理念。自我效能則意謂著「我有能力解決生活中迎面而來的所有問題」。這表示具備足夠的社會競爭力，也擁有獨立自主的能力。

以現今各種心理學療法來看，普遍均肯定自尊感對心理健康的影響，並把自尊感的概念運用在心理治療上。像是最近很流行的正念（mindfulness），或是接受與承諾治療（Acceptance and Commitment Therapy，簡稱ＡＣＴ）等，皆運用了修復自尊感的做法。

為什麼修復自尊感的治療方式，會受到廣大迴響？我想，是因為多數人都渴望擁有「靠自己的力量擺脫痛苦」的勇氣吧。

❹ 納撒尼爾．布蘭登（Nathaniel Branden），大學教授、心理治療師和作家，以自尊心理學的研究而聞名。著有《自尊心：六項自尊基礎的實踐法》（*The Six Pillars of Self-Esteem*，遠流，1996）等書。

每個人都有自己心目中渴望成為的樣子，

當現實自我和理想自我差距愈大，

自尊感就會開始動搖。

2 低自尊的真實原因

然而，究竟在什麼樣的狀況下，會讓我們感到自尊感低落呢？以我對患者們的觀察，我發現普羅大眾對自尊感有許多誤解。

首先，很多人會說：「我本來自尊感就很低。」這句話聽起來就像是在說自己血壓低一樣。有些人認為自尊感是天生的、由基因決定，每個人身來都有與生俱來的自尊感標準值。雖然市面上有好幾種檢測自尊感的測驗，但似乎沒有任何一種最精準的檢測方式。我想，或許是因為這種檢測方法根本不存在。主要的原因在於，不同時代背景、不同派系的學者對自尊感的定義都不盡相同，自尊感對每個人的意義也都不一樣——更重要的是，自尊感並不是某種恆定不變的物質，它是根據人們在生活中遇到的各種狀況，所感受到的波動狀態。這也就是為什麼，自尊感會有高低起伏，也會持續產生不同變化。不過，有時候的確也會出現：「為什麼那個人遇到那樣的狀況，也能擁有穩定的高自尊？他的高自尊感覺像是與生俱來的。」類似這樣的想法，但這部分跟個人特質和個性比較有關。

氣質與人格測驗（The Temperament and Character Inventory，簡稱ＴＣＩ）是目前心理學界中可信度很高的一項性格測試。透過這項測驗，可以廣泛理解人類特質和性格，能看出哪些特質與自尊感有密切關係，有助於認識自尊感。

ＴＣＩ測驗將人類區成四種氣質傾向和三種性格傾向。ＴＣＩ的第一個字Ｔ，代表氣質（Temperament）。意思是一個人受到某種刺激時，出現的自動情緒反應傾向。這是先天的性情，一輩子都不會改變，是「個體我」的基本框架。

Ｃ指的是性格（Character），先天氣質（Ｔ）加上後天環境影響，相互作用後就形成性格。性格在一生中會不斷發展變化，隨著每個人追求的目標和價值不同，也會有所差異，它扮演著調節受先天氣質影響做出自動化情緒反應的角色。

也就是說，當遇到某件事情時，雖然先天氣質決定了一開始的情緒反應，但最終的反應是由性格掌握。如果說先天氣質是自動化反應，那麼性格就是自主意識的選擇。氣質與性格結合在一起後，形成了固有人格（personality），決定了我是什麼樣的人。

透過這項測驗讓我們了解自己的優缺點，適時做出相對應的改變和調整。例如，假如一個人天生屬於耐力偏低的類型，在設定目標時，就可以設定較容易達成的目標，幫助自己提升耐力。訂下每天持續游泳的目標，對耐力不足的人來說，容易感到挫折。但可以設定適合自己的目標，像是一個星期游泳兩天，藉由這樣的方式讓自己可以繼續堅持，而不是乾脆放棄。

在TCI測驗裡，又把先天氣質區分為四種類型，分別是尋求刺激型（Novelty Seeking，簡稱NS）、逃避傷害型（Harm Avoidance，簡稱HA）、獎勵依賴型（Reward Dependence，簡稱RD）、堅持忍耐型（Persistence，簡稱PS）。這些氣質類型沒有好壞之分。舉例來說，獎勵依賴型的人雖然天生溫柔體貼、善解人意，但另一方面，他們不擅於拒絕，內心脆弱容易受傷。同時，先天氣質也無法決定每個人對生活的滿意度。忍耐力越強的人，雖然勤奮努力，但喜好追求更高的成就目標；忍耐力低的人，雖然懶惰不夠堅持，但相對容易滿足現況。因此，無法從先天氣質判斷哪一種類型的人比較幸福。

那麼，性格又是如何區分呢？大致上可區分為三種，分別是：自我導向性（Self Directedness，簡稱SD）、合作性（Cooperativeness，簡稱CO）以及自我超越性

（Self Transcendence，簡稱ＳＴ）。性格的組成要素，涵蓋了個人追求的價值與目標，可以理解為是一種後天形成的自我概念。有些人會說：「我以前本來是很內向的人，現在卻變得非常積極。」其實，內向的特質並非就此消失，積極的人依然保有天生內向的個性。但為何又會展現出積極外向的行為呢？這是因為經由後天的個人意識選擇，決定要讓自己變得積極。因此這部分也經常會受他人影響而改變。

以上三種性格特質，和自尊感最密切相關的部分是「自我導向性」。通常認為自己自尊感低落的人，自我導向性也偏低。雖然無法詳述所有檢測內容項目，但以下這幾個選項是自我導向性偏低的人，在進行ＴＣＩ測驗時最常勾選的項目：

- 有時會不知道自己的人生方向該怎麼走才是對的
- 做任何決定前，通常會先跟旁邊的人討論商量
- 覺得自己的人生好像沒有特別的目標或意義
- 被別人討厭時，內心很容易受傷
- 遇到困難時，經常會出現放棄的念頭

● 覺得自己無法隨心所欲做自己想做的事情

自我導向性是能夠因應狀況調整自己的行為，隨機應變和自主掌控的能力。從自我導向性可以看出一個人跟自己的關係狀態如何，它決定了一個人對自由的感受程度，以及是否體認到自己是完整獨立的個體。當我們說一個人自我導向性良好，具體來說是什麼意思？檢視自我導向性量表的項目就可以理解，細項內容包含：責任感、目標意識、自我效能感、自卑感、自我接納、自我厭惡、自我平衡等，這些都與自尊感的概念極為近似。

自我導向性高的人，富有責任感，擁有目標意識，同時自我效能感十足，能包容接納自己，重視自我感受，懂得平衡內在和外界的關係，這些都是高自尊的人格特徵。

反之，自我導向性低的人，容易迴避責任，沒有目標意識，認為自己沒有能力，對自己有很多不滿，不重視自我感受，內在無法維持穩定平衡，這些則是低自尊的呈現。事實上，無論是進行諮商治療或精神分析，最終的目標都是為了提升自我導向性。

合作性和自我導向性一樣重要。在ＴＣＩ測驗中，會特別觀察「自我導向性」和「合作性」的加總數值，因為這攸關一個人的成熟度。試著思考當我們說出「這個人值得效仿」時，背後代表的真正意思，很容易就能理解什麼是成熟的言行舉止。自我導向性和合作性良好的人，自尊感相對較高，同時也是懂得尊重他人的成熟大人。

但為什麼合作性也一樣重要？合作性不是和「個體我」無關嗎？談到自尊感時，許多建議都沒有提及這部分，然而，和別人比較後內心湧現的自卑感，會讓我們受傷。因此，建立良好人際關係，也是培養自尊感相當重要的一環，這項能力正是「合作性」。

合作性量表中的細項包括：接納他人、同理—遲鈍、利他性—利己性、寬容性—報復心、公平—偏頗等項目。自尊感高的人，具有高度同理心，十分善解人意，是原則主義者。與他人建立關係時，也不會要求別人配合自己，會尊重對方固有的價值觀。是不是很令人意外？雖然與他人的關係，無法依照自己的意思發展，但自尊感高的人，卻懂得在這段關係中找到自己的定位。

自我導向性和合作性這兩項數值越高，自尊感越高。如果自我導向性高，但合作性低，狀況又會如何？這些人會像我偶爾遇到的患者們，自認自尊感高，因而顯得驕傲自負。他們專制獨裁，總是喜歡與人較量，容易用輕蔑的態度對待別人，並且習慣以上對下的方式和別人溝通。許多工作狂和年紀大的長輩，容易有這種傾向。

但自我導向性偏低，合作性偏高也不是件好事。這樣的人沒有自我主見，容易盲目從眾。在人際關係中會出現依賴他人的傾向，被錯誤的觀念綑綁住自己的人生。由此可見，自我導向性和合作性皆與建立自尊感有關。要修復受傷的自尊或是提升自尊，都必須培養這兩項能力。

然而，低自尊的人通常不會意識到自尊感低落，與自我導向性和合作性有關。他們會把注意力放在其他問題上，例如一直糾結在負面的情緒、過去的傷痛、別人對我的傷害……等。

換句話說，他們困在自己無能為力的事情上，對於成長過程中，應該要提升哪些能力渾然不覺。無論是脫離父母懷抱的成年人，或是處在養兒育女階段的父母，許多人都有自尊感低落的問題。在上了年紀，被賦予新的角色後，應該要隨之提升自我導向性和合作性來因應，但他們卻沒有這麼做。從這些人身上可以看到，很多人的自我導向性和合作性仍停留在十幾歲的階段。

某位上班族患者曾告訴我，自己的手機桌面有一句話：「笨蛋容易吃虧。」從小他因為不會念書受到父母的差別待遇，長大後又因為遊手好閒、不願工作的家人，導致自己賺來的大部份薪水都必須拿回家。

我問他為什麼要寫這句話，他說自己不夠聰明，才會老是吃虧。我告訴他，學生時期成績不好，跟長大後要過什麼樣的生活無關。如果不想被家人牽著鼻子走，重點不在於聰不聰明，而是要體認到必須先從「明辨事理」開始做起，下定決心鍛鍊自己的理性思維，培養自尊感。

自尊感，從提升自我導向性的意識開始建立。

3 自尊感不是天生的

自尊感雖然不是天生的，卻與先天氣質有關。根據現代醫學研究指出人類的大腦，出生時就決定好了將近百分之八十的功能。當然，剩下的百分之二十，才是造就不同人生的關鍵因素，因此無須擔心。我想說的是，每個人都有與生俱來的氣質，這部分也會影響心理問題。

在幫助憂鬱症患者進行心理治療時，有些人的症狀雖然明顯好轉，卻還是呈現鬱鬱寡歡的狀態。這些患者們問我：「為什麼明明治好了憂鬱症，心情卻還是好不起來？」仔細詢問過後，經常發現有不少人，他們從小個性就比較容易憂慮。

也有些人天生容易緊張，這樣的人在提升自尊感上容易遇到困難。打個比方，假設每個人都有自己專屬的警報器，這些人的警報器特別敏感。即使不在危險狀態，警報器也會響個不停，負面情緒不斷湧現。這類型的人，一旦遇到不好的事情，就會陷入「都是我的錯」、「大家都討厭我」、「我一定不行的」這樣的念頭。

在凡事追求效率的現代社會中，外向人比內向人形成高自尊感的機率較高。由於個性積極進取，在工作上也比較容易獲得成就。不過，機率也跟努力的程度有關。

先天氣質和自尊感，就像雞生蛋、蛋生雞的問題，兩者雖會互相影響，但無法視為因果關係。就像唱歌，每個人天生有不同的音色和音調，因此擅長的曲目不同，唱歌的方式也不盡相同。

然而，如果說自尊感只受後天環境影響，按理說，同樣在不幸環境中長大的子女們，自尊感應該都很低，但也有不少例外的情況。有一位酗酒的父親和神經質的母親，在極度貧窮的家庭中長大的英愛小姐，就是個例外。

「我在我們家算是異類吧！很難用三言兩語說清楚。因為我們家的人不管遇到什麼問題，只會怪別人。就算有好事發生，也是疑神疑鬼。我哥哥總是見不得別人好，喜歡在背後說別人閒話。我真的很難理解我們家的人到底在想什麼。」

有別於其他兄弟姐妹，英愛天生樂觀積極，擁有穩定的自尊感。

根據一九八二年艾美・維納（Emmy E. Werner）和露絲・史密斯（Ruth S. Smith）公布的研究結果，也顯示出這點。他們針對在夏威夷考艾島（Kauai，或譯可愛島）出生的六百九十八名新生兒，自一九五五年起進行大規模的縱向研究❺。這些人當中有兩百〇一位是在極度惡劣的環境下長大。過了三十年後，觀察後續追蹤報告發現其中有三分之二的人，長大後無論在學校和家裡的學習或行為上都出現各種問題。這些人不是被送到青少年輔導院，就是被送到精神病院，或是成為單親媽媽。到這邊為止，是可以預期的結果。然而，其餘三分之一的人，並沒有出現這些問題。相反地，他們的表現更為積極主動，自尊感也比別人高。關於這部分，沒有其他相關證據可以佐證解釋，只能說這些人或許天生就比較積極正面。

不過，在這項研究中，擁有高自尊心和個性積極的人，在成長過程中有一項共同點：

❺ 後世稱為「考艾島縱向研究」（Kauai Longitudinal Study）。縱向研究（或稱縱向調查）是一種長時間針對相同研究對象進行追蹤調查的研究設計。

那就是在他們的一生中，至少有一位無條件理解並深愛著他們的人。可以是父母、祖父母、叔叔阿姨等家人，或是老師、隔壁鄰居……等，這個人成為他們的後盾，陪在他們身邊予以支持。

從這項研究中，可以發現三件事：第一，每個人與生俱來的氣質不同；第二，一個人過去的創傷記憶，並不會對自尊感造成決定性影響；第三，建立自尊感的過程中，必須要有懂得尊重自己，像鏡子一樣照見自己的人陪在身邊。

如果說自尊感和先天氣質有關，一定會有人想問：「像我天生容易緊張不安的話，難道這輩子注定就是低自尊的人了嗎？」先天氣質只是表示你有這種傾向，即使是天生容易緊張不安的人，只要可以克服這點，也能擁有穩定的高自尊，過著幸福的生活。反之，即使天生個性積極外向，也可能自尊感很低，生活過得很辛苦。縱使與生俱來的先天氣質條件，不利於自尊發展，但人的天性會設法解決問題。正如我們之所以會對自尊感的主題產生興趣，也是因為想要克服自尊感低落的問題。

坦白說，我自己也是屬於天生容易緊張型的人。在急診醫學科和婦產科當實習醫生時，我便意識到這件事。為了搶救患者的生命，在分秒必爭的急救現場，個性沉穩的人更能妥善處理危急狀況。基於這點，我清楚明白自己的個性不適合當急診醫生，這也是我後來進入精神醫學科的原因之一。假如當時我選擇急診醫學科，或許我的自尊感會因此跌到谷底也說不定。

成為專科醫生的過程也很辛苦。要在眾人面前發表報告，對我來說是種煎熬。一週要開好幾次的案例討論會、期刊討論、精神分析指導、團體治療指導等各種會議，這四年來周而復始的簡報發表，一直讓我感到很痛苦。每次遇到重大發表時，總是擔心自己會出包，甚至必須服用用來治療焦慮患者的處方藥，來讓自己降低不安的情緒。因為我是個性極度內向的人，如果有人問我：「成為專科醫生最棒的地方是什麼？」我會發自內心地回答：「終於不必再上臺報告了。」

幾年前，我曾擔任某個聚會的總召。總召的職責中，其中一項是必須在正式會議場合中擔任主持人。但我只要一拿麥克風就會臉紅冒汗，腦袋一片空白，不知道要講什麼。明明我是幫病患進行諮商，或是和醫院同事聊天時，可以滔滔不絕講個不停的人，居然連二十分鐘簡單的主持工作都做不到。

於是，我只好硬著頭皮跟學長說實話，幸好善解人意的學長願意替我接下主持棒。很感謝學長沒有挖苦嘲笑我「哪有連主持都不會的總召」，而是義不容辭地挺身相助。當時的我，處於穩健的高自尊狀態，因此並沒有陷入「我為什麼會這樣」的思維裡，反而覺得「沒錯，我果然不適合當明星，而是適合當挖掘明星的幕後推手」。套用最近流行的用語，就是所謂的自我安慰，在精神醫學用語則稱之為合理化（rationalization），是為了隱藏不安所運用的一項心理防禦機制。

進一步探討防禦機制和自尊感的關係後，會發現另一件非常有趣的事。根據佛洛伊德的理論，心理防禦機制是人類為了解決內心的衝突與不安，採取的一種反應方式。防禦機制又分為「成熟的防禦機制」和「不成熟的防禦機制」。

高自尊的人，善於運用成熟的防禦機制，例如幽默[6]、利他[7]等；反之，低自尊的人，通常會採取不成熟的防禦機制，例如投射[8]、否認[9]、合理化[10]等。我個人很欣賞善用幽默防禦機制的人，因為他們懂得運用幽默感化解尷尬氣氛，又能清楚表達自己的意思。這樣的人既能保護自己，又不失對他人的尊重。

哈佛大學教授喬治・華倫特（George Vaillant）曾做過一項研究，他觀察隨著年紀增長，使用成熟型防禦機制和不使用的人各有哪些特徵。研究結果發現，越是懂得運用幽默、利他、升華⓫、預期⓬等成熟型防禦機制的人，更容易在老年生活中獲得滿足。

經常也有人問我，智力是否與自尊感有關。坦白說，他們真正好奇的是，「不會念書的人，自尊感是不是比較低？」也有些人認為，因為我是醫生很會念書，理所當然自尊感會比較高。這句話裡面還藏了另一項值得探討的觀點，「人是否會因為學歷低而導致自尊

---

❻ 幽默（Humor），指以幽默的語言或行為來應付緊張的情境或表達潛意識的欲望。

❼ 利他（Altruism），指為他人服務能使自己感到本能的滿足。

❽ 投射（Projection），指將自己不能接受的思緒、動機、欲望或情感，主觀的歸咎於他人或他物身上，例如「以小人之心度君子之腹」即是描述這種情況。

❾ 否認（Denial），指無意識地忽略或拒絕承認不愉快的現實，以保護自我，例如打破碗盤卻說「不是我做的」、面對壞消息時拒絕接受。

❿ 合理化（Rationalization），指無意識地用看似合理的理由，來解釋自己難以接受的情感、行為或動機，來讓自己可以接受，例如指責政府施政不力，才導致自己失業等。

⓫ 升華（Sublimation），指將心中被壓抑的、不符社會規範的原始衝動或欲望，用符合社會認同的、建設性的方式表達出來，並得到滿足。例如為了抒發失戀的情緒，提筆創作文學或音樂。

⓬ 預期（Anticipation），指為即將發生的內心不適感，做出切合實際的預期或計劃，例如在上臺演講前充分演練，以緩解緊張。

感低落？」

事實上，**自尊感與智力無關，但和職業上獲得的成就感有關**。然而，即使會念書、考上好大學、擁有一份穩定的工作，也可能是自尊感低落的人。自尊感高低並非取決於外在條件好壞，而是取決於人際關係，以及是否具備克服逆境的抗壓性。

考上名校、擁有人人稱羨的工作，並不能和高自尊劃上等號。這就好比開賓士的人的自尊感不一定比較高，是一樣的道理。小時候可能會以為聰明的人，自尊感比較高，但長大成人後，會發現人生除了成績單，還有更多影響幸福的因素。即使頭腦知道這件事，心裡卻不願意承認，最後容易在自我認同方面出現糾結，不斷追求外在認同，陷入不成熟的心理狀態。

前不久，我曾和各領域專家共同執筆，撰寫了一本關於職場哲學的書。我在這本書中探討了自尊感相關的議題。結果，在書籍介紹的部落格文章底下有一則留言寫道：「自尊感是精神價值的體現？別開玩笑了，自尊感取決於是否擁有一臺賓士。」從留言回應可以看出，不少人對自尊感抱持著錯誤的看法。

學歷和工作是一種附加的成就證明，但擁有這些成就，並不代表可以避免人生中所有痛苦。例如，一個頂著名校光環的高材生，求職時卻屢屢碰壁，會令他的自尊感大受打擊。這時候千萬不能陷入：「為什麼學歷比我差的人都找到工作了，我卻找不到？是不是我不夠好？」像這樣自我貶低的思維。自尊感高的人，會從客觀的角度看待這件事，明白學歷並非求職的關鍵因素。當然也可以找出求職失敗的原因，努力進行改善。但想要有這種想法上的轉變，必須先接受學歷無法與穩定就業劃上等號這件事。

同樣的，並不是物質條件優渥，就能擁有高自尊。不是因為開賓士，才能建立自尊感，反而是在無法開賓士時，更需要建立自尊感。相較於順境，自尊感是在面對逆境時，願意勇於克服的意志力。

自尊感雖然和智力、工作無關，卻與一個人的心智能力密切相關。心智能力是指遇到問題時，不會盲目從眾或出於本能解決，而是能理性思考、隨機應變、解決問題的能力。考上好學校、找到好工作並不能培養自尊感，擁有強大的心智，才能建立穩健的自尊感。

反過來說，社會上不乏有陷入宗教狂熱的知識份子，這些人雖然智商很高，心智能力卻很薄弱。他們找不到人生的價值與意義，才會把精神寄託到別的地方。

4 對自尊感的六個誤解

自尊感成為熱搜關鍵字的同時，網路上關於提升自尊感的建議方法，也多得不計其數。「擺脫負面想法、要多愛自己、遠離傷害自己的人、療癒創傷記憶」等，這些都是我們耳熟能詳的方式。的確某些是有效的方法，不過仔細探討這些方式，會發現裡面藏了幾個陷阱。

首先，誠如前面所述，在對自尊感並不是很了解的情況下，過度關注自尊感這個詞彙本身，會讓自己陷入恐慌。原本對自尊感沒有太多想法的人，一旦誤以為「原來這可能是低自尊的行為表現」時，會開始懷疑自己是不是哪裡出了問題，這就跟健康焦慮症是一樣的道理。

第二，會出現把自尊感當成「情緒問題」處理的狀況，以為努力消除負面情緒，就能提升自尊感。事實上，我們感受到負面情緒，並不會造成自尊感低落。大多數的時候，情緒只是一種立即、自動的反應。「啊！心情好差，但這不是件讓人難過的事情吧？」像這樣透過自我解讀、理解和調整的過程，負面情緒不一定會影響自尊感。

由此可見，即使是正面情緒，也不見得對提升自尊感有所助益。有時候，有些讓人心情好的事情，反而會對自己帶來傷害，我們必須要客觀看待情緒。最經典的例子就是，當我們被人稱讚時，通常會心情很好；但如果過度沉浸在這種感覺裡，會失去理性評估判斷的能力。就像有些領導者只喜歡聽好話，長期下來就容易做出錯誤判斷。

第三，把自尊感當作是「創傷記憶」處理，是自尊感最大的陷阱。每個人活在世上，無論是刻意或偶發事件，難免會因為某些負面經驗而造成心理創傷。然而，這些創傷並不影響工作和日常生活，也不會影響戀愛和人際關係。創傷記憶能夠消除，當然是一件好事，但即使無法消除，我們也可以學習與創傷和平共處。

如果把自尊感低落的原因，歸咎於內心的創傷，會一直鑽牛角尖糾結在過去的傷痛；也可能會陷入自責的漩渦，認為現在受到的傷害，都是源自於過去年幼無知、軟弱無力的自己。

尤其在面對童年創傷時，更容易出現這樣的誤解：把一切歸咎於兒時成長的環境和人際關係。這些過去無論是好是壞，都很難澈底擺脫，但經歷社會自我（Social Self）[13]的形成階段時，可以重新與自己連結，塑造屬於自己的人際關係。隨著人的成長，任何人都有能力創造具有自主性的和諧關係。

不過，並不是身分證上的年紀來到二十歲，就能夠自動學會這項能力。無論是二十歲、三十歲、四十歲，仍需要持續鍛鍊學習。當這項能力停滯不前或退步時，可能會讓我們的自尊感受挫，而一旦陷入自尊感跟心理創傷有關的陷阱時，會一直糾結在問題發生的原因，不斷執著於無法改變的「過去」，而不是專注在培養自己「現在」的能力。

第四，市面上從情緒和心理創傷角度探討自尊感議題的心理學書籍，篇幅大多著重在於情緒成因、行為模式、人際關係模式等內容分析。坦白說，這樣會讓人太過關注枝微末節上。很多時候，當我們太過專注處理這些負面事物，反而會忽略掉真正重要的東西，像是意志力、勇氣等相關項目，在書裡只是簡單幾句輕描淡寫地帶過。百分之九十八的內容，都在討論負面事物，只有百分之二是從正面闡述觀點，就草草做出結論。這可能會讓我們遇到創傷時，出現過度反應的副作用，忘記真正重要的百分之二。

在患者們身上，我也經常看到類似狀況。「我讀遍了市面上所有心理學書籍，可能因為我是○○○，人際關係才會出問題；可能因為我做了○○○，才會發生這樣的事情。」很多患者們會鑽牛角尖地檢討自己，他們沒有把力氣花在應該關注的地方，反而是過度在意這些枝微末節，因此耗盡自己內心的能量，陷入空虛狀態。

第五，也有人認為自尊感低落是因為自己的思考方式有問題，於是把焦點擺在調整思維上。每個人的習慣不同，也有自己慣性的思考方式。如果以為只要修正自己的思考模式，就能提升自尊感，這種方式會讓人把心思集中在天生的自動情緒反應和思考方式，不斷質疑自己：「為什麼我老是會這樣想？」試圖改變自己的思考模式。

我認同認知行為的重要性，透過改變思考或行為的方式，在某種程度上確實有成效。但如果過度依賴這種方式，也會產生副作用，會變得過於在意自己的行為舉止，放大檢視自己的一舉一動。每種行為背後確實有它的原因存在，但不需要一一釐清，很多原因並不會對生活造成影響。

⓭ 指個人意識在社會各種規範、價值、同儕期望、同儕次文化等交互影響下發展而出的自我。

另外還有一點，倘若只專注在察覺自己的行為，調整自己的信念和思考方式，可能會忽略來自他人和外在世界的影響力。我們的思考方式經常會受到他人和外在環境的影響，因此要改變思考方式，除了找出自己的慣性思維模式，向他人借鏡也是很好的方法。例如，找到一位好的人生導師，向導師效仿學習，在成長過程中也很有幫助。向他人學習借鏡的方式，效果遠大於自己閉門造車。

再者，要調整自己思維模式，不能只局限在自己的世界裡，必須要從更宏觀的視野，去發現各種不同面向。此外，也需要與他人建立健康的關係，融入群體生活中發展自我。

換句話說，要檢視自己的想法是否有偏差，不能只從單一面向來看，必須從不同的角度覺察。因此，想要提升自尊感的人，應該多與外在世界溝通。建立自尊感，必須由尊重他人開始做起。唯有如此，當自尊感低落時，才能藉由尊重他人，找回對自己的尊重。

如果只是瘋狂檢討自己的想法，會覺得自己不是在掃家門前的雪，而是在掃整個社區的雪，怎麼掃也掃不完。但建立穩定的自尊後，也能幫助別人提升自尊，就會產生一種安定的歸屬感，並充分滿足了自我實現的需求。關於這部分，之後章節也會更進一步探討。

第六，也有人認為個人成就和責任不會影響自尊感，就誤以為兩者毫無關聯。如果只是單純抱著「我又沒有錯、我這樣有什麼不好」的想法，反而對自尊感的提升毫無助益。我們有時候因為工作太累，即使離職仍處於提不起勁的狀態，就算休息一、兩個月，也還是擺脫不了沉重的無力感。要戰勝這樣的無力感，就必須要靠自律成就人生，並擁有專注在某件事的熱情。如果什麼都不想做，只會讓自己一直深陷在無力感裡。

自律性高和富有責任感的人，他們會藉由自我檢討改進自己的缺點，懂得為自己負責。這樣的人不管做任何事都很專注，藉此獲得更大的成就。因為他們清楚知道，應該把精力投入在達成目標上，而不是陷入負面情緒之中，不斷白白消耗能量。

到目前為止，我們探討了大多數人對自尊感的誤解，以及衍生出的各種陷阱。為了避免落入這些陷阱，將要點整理條列如下：

1. 避免過度放大內心的創傷印記

2. 重視個人自由意志與責任

3. 融入群體生活

4. 尊重他人，就是尊重自己

5. 尋找自己的人生導師

6. 追求成就和投入專注的體驗，有助於提升自尊

就我看來，人類擁有的心智力量十分強大。在臨床案例中，經常可以看到許多罹患不治之症的病患成功戰勝病魔的案例。然而，人們往往不相信自己的強大，很容易被一些小事困住，覺得世界上有太多事情即使努力也無濟於事。很多人太過小看自己，因而深陷負面想法難以自拔。

我們身處的時代也會影響自尊感。現今社會中，競爭無處不在，到哪裡都會有人往我們身上貼標籤，甚至競爭開始的速度越來越快，標籤化的行為越來越嚴重。因此，很容易因為一點小事而過度敏感，脾氣暴躁的人也變得越來越多。看別人生氣的樣子雖然心裡很不舒服，但自己卻也不知不覺變成那樣的人，經常不自覺地展開防禦性攻擊模式。在這樣的環境下，我們難以建立穩健的自尊感。

再加上，在科技發展迅速、資訊爆炸的時代，生活中充斥著各式各樣的外來刺激。五分鐘前才知道的新資訊，五分鐘後馬上變成過時的舊資訊。我們不斷受到外在世界的壓迫，根本無法獨立思考和自主決定。父母、老闆……各方人馬拼命轟炸，眼前的課題還沒處理完，馬上又來另一道課題，還沒想到「這件事情應該要怎樣處理比較好」，就被下指導棋「這種狀況應該要這樣處理才對」。

相較於過去，勞動時間雖然縮短，但現代社會的上班族，卻比過往承受更大的壓力。進入職場後，除了要不斷競爭、博得好評，在同樣的上班時間內，要處理的資訊量比過去來得更多。光是一件事情，就有許多人爭先恐後插手干預，或是在旁邊下指導棋。因此，自尊也變得容易受到打擊，我們想要提升自尊感的渴望也越來越強烈，但裡面也夾雜了謬誤的假自尊——有些人雖然內心渴求高自尊，但卻一直處在低自尊的狀態，或是執著於追求假自尊。我在諮商的過程中，大部分時間也都是在引導患者們學會如何區分「真自尊」和「假自尊」。

那麼，到底什麼是假自尊？要提升真正的自尊感，又該怎麼做？接下來，讓我們一起尋找答案吧！

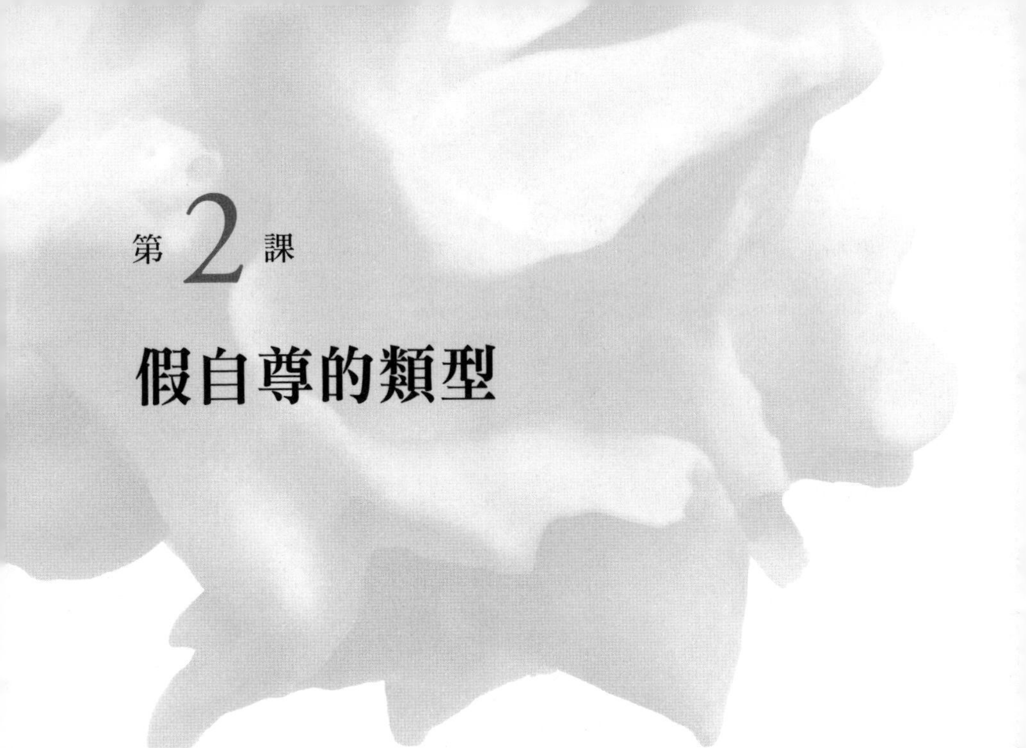

第 2 課

假自尊的類型

我不愛沒有陰影的人，

我不愛任何不愛陰影的人。

——摘自鄭浩承《我所愛的人》

1 自信滿滿型

——優越感 v.s. 自我價值

直到最近這幾年，自尊感相關議題才開始在韓國社會裡備受重視，但早在一九八〇年代，美國就已經掀起了一股熱潮。加州政府甚至為此特別成立專案小組，為了提升社會大眾的自尊感，在長達三年的時間裡，投入龐大的預算，斥資七十三萬五千美元。除了加州政府外，美國各地學校也致力於推廣自尊教育，各種相關團體課程與心理治療也受到廣泛關注。

美國社會風氣崇尚個人主義與自由主義，在這種氛圍的鼓吹下，自尊感受到高度重視。有趣的是，熱衷於追求自尊感這件事，卻遭到保守派基督教的嚴厲批評。這是因為自尊感強調人類的獨特性和自由意志，與「神是唯一存在」的宗教信仰背道而馳。

像美國這樣動用政府及學校資源，採取各種制度和策略，是否真的能夠提升人們的自尊感呢？一起看看以下這段文字，這是摘自一九九〇年二月五日刊登於《時代》（*Time*）的新聞報導：

去年針對來自六個不同的國家，平均年齡介於十三歲的學生為對象，進行數學標準化測驗。測驗結果顯示，韓國學生的成績名列第一，美國則是落後西班牙、愛爾蘭、加拿大等國，成績排名居末位。但壞消息不僅於此，在三角形和方程式試卷題目旁邊，另外有一道問題是：「你認為自己擅長數學嗎？」回答「是」的人以美國學生最多，比例高達百分之六十八。由此可見，美國學生並不是很了解自己的數學實力，但他們似乎深受近期流行的自尊感教育課程影響，認為無論如何要以自己的表現為傲。

另一方面，韓國學生雖然數學很厲害，卻因為入學考試競爭激烈，就認為自己是數學白癡，這也是另一項問題所在。因此，基於教育成效考量，可能也必須開始思考，讓孩子對自己有自信，是否對其學習更有幫助？許多教育理論不斷強調激發孩子自信心的重要性，因為對經驗值不足的孩子，自信會讓他們產生勇氣，願意嘗試挑戰新的事物。

但忽略客觀事實、過度誇張的讚美，也必須付出代價。在美國提倡自尊感優先的教育方針下，採取的策略也是忽略客觀性、對孩子過度稱讚的方式。白雪公主的繼母每天聽到魔鏡對她說：「妳是世界上最美麗的人。」一旦她發現世界上還有比她更美的白雪公主時，嫉妒之心油然而生。這種自尊感優先的教育方式就像是給每個人一面魔鏡，不斷地予以讚美，希望藉此提升自尊感。然而，這麼做只會讓人產生過度的自信或驕傲自負，而非真正的自尊。

中國幾年前非常流行獎勵式教育，與美國加州實施的教育策略如出一轍。父母和老師會一再地對孩子說：「你是最棒的！」希望藉此培養出自信滿滿的孩子。

然而，如果一直堅信「只要有信心，一切都做得到」，而無法客觀看待自己，可能會對自己明明不擅長的事過度執著。舉例來說，假設某個人並不擅長創意發想的企劃類工作，而是擅於資料彙整蒐集的行政類工作，但過度自信會讓他陷入盲點，只想專注在自己不擅長的事情上。

自信也可能會造成自恃甚高、過於固執己見的反效果。有些人可能會因為自信，再加上這種自信創造了過去的豐功偉業，因而變得驕傲自滿。白手起家、事業有成的企業主，由於過度自負而導致公司陷入危機，正是最經典的例子。

修復受傷的自尊心，是現今社會中多數人關注的重點。無論在家裡、學校或社會都充斥著各種比較，每個人好像都在對你說：「你還不夠好」，造成整體自尊感越來越低落，大家因此開始注重提升自尊感。結果發現在那些過度自信的人身上，並不會發生讓他們自尊心受創的事，但為了維護這種過度的自信心，最後反而讓自己遍體鱗傷。

我曾遇過一位患者，她是一名健身教練，對自己的美貌和實力自信十足，人生最大的目標就是和有錢人結婚。然而，雖然她已經夠漂亮了，卻還是經常到醫美診所報到。除此之外，只要顧客對她稍有一點抱怨，她的心情就會瞬間跌到谷底，而且跟同事也處不來，疑似患有自戀型人格障礙（Narcissistic Personality Disorder，簡稱NPD）。檢視她的過去，她的家裡曾經歷過一段經濟貧困的日子。因此對家境清寒這件事極度自卑，認為這是自己的弱點。她被過去痛苦的回憶綁架，才會一直想靠自信來填補內心的自卑感，因此只要一遇到比自己更漂亮，或是家境優渥的健身教練，就會莫名妒火中燒。

你或許不大相信，事實上很多優秀的人們，也有自尊感低落的一面。常見的情況是，他們前一秒可能還氣得暴跳如雷，下一秒又立刻滔滔不絕地炫耀自己有多厲害。這些人的特徵在於他們總是喜歡和別人比較，不管遇到任何人，都會不自覺想和對方一較高下。當對方不如自己時，即使沒有表現出來，內心卻看不起對方；當遇到比自己優秀的人，除了心生羨慕，也會感到自卑。換句話說，當自信不是內在的自我肯定，而是為了展現給別人看時，就會出現問題。尤其，他們也會跟不該拿來比較的人比較，面對自己身邊最親近的人，也用這種方式對待他們。

例如有些人會認為男友的外在條件一定要比自己優秀才行，因為這樣才能拿來對外炫耀，彰顯自己的優越。又或者是相反的情況，她無法忍受另一半看起來比自己厲害。如果另一半說的話才是對的，或進入條件更好的公司工作時，她會感到自尊心受創。這兩者也是基於同樣的心理因素，都是因為和人比較產生的問題。也有喜歡不斷拿自己的丈夫和朋友的丈夫、自己的孩子和別人的孩子做比較的人，通常她們只和能夠提升自己優越感的人交朋友。

像這種老是想贏過別人的人，即使是微不足道的小事，也會斤斤計較。就連跟同齡的同事間，也會比誰先早進公司。他們誤以為這種贏過別人的優越感，就是「自尊感」。這些人動不動就想和別人比較，因此認為身邊的人也跟他一樣愛比較，把每個人都當成是假想敵。

通常這類型的人在公司受到青睞的機率很高，因為他們會藉由比較和競爭證明自己的價值，以為這就是自尊感。為了維護這種「假自尊」，他們在職場上會力求表現，表面上看起來總是自信滿滿，但無論再怎麼努力，一定會有比自己更厲害的人出現。當他們覺得自己不如人時，內心的自卑感如浪潮般席捲而來，為此感到痛苦不已。像這樣的人無法感受到幸福，總是處於緊繃狀態。

有句諺語說：「吃不到葡萄說葡萄酸。」意思是見不得別人好。一個高自尊的人，就算沒吃到葡萄，也不會對吃到的人冷言冷語；聽到朋友的女兒考上名校，會由衷替她開心。因為他們知道，替別人的成功感到開心，跟自己成功與否毫無關係。

自尊感並非來自勝過別人的優越感，那些誤把優越感當成是自尊感的人，甚至連完全不相干的事物，也會不斷藉由比較和競爭，試圖讓自己產生優越感。但高自尊的人，他們不會刻意在別人面前展現優越感，也不會把贏過別人當成是人生目標。

不過，有些人可能會心想：「擁有某種程度的優越感，多少對提升自尊感有幫助吧？」市面上有不少心理書籍也支持這種觀點，但實際上並非如此。換個方式說，高自尊的人基本上都很謙虛，他們不會跟別人比較，只會專注在自己身上。

恆毅力（Grit）也跟自信是不同的概念，恆毅力指的是「堅持不懈、持續挑戰的能力」，就像即使面臨九局下半滿壘的狀況，投手依然沉著應對，投球時保持冷靜，發揮驚人的自我調適力。既不會陷入沮喪，也不會驕傲自滿，只會集中注意力投出好球。

自信和自尊，就像火星和金星一樣，兩者是不同的概念。人們可能會羨慕充滿自信的人，但不見得會尊重他；然而，擁有高自尊的人，卻能夠贏得別人的尊重與認同。

基本上，自信的狹義概念是相信自己無論做任何事情，都一定能成功。舉例來說，假設某人開了一家汽車輪胎專賣店，他自認自己對輪胎的專業知識，堪稱全國首屈一指，加上店裡生意很好，一連開了三間分店，賺了很多錢。仗著自己有錢，總是喜歡在親戚面前耀武揚威，但在他內心深處，卻擺脫不了自己只有高中畢業的自卑感。看到比自己學歷高的人，內心的挫敗感會變得很重。因此，他想方設法要讓孩子考進名校，就連孩子的交往對象，也以學歷當作衡量標準。

這是為什麼呢？納撒尼爾．布蘭登曾說過，形成自尊感的兩項要素，分別是「自我價值」和「自我效能」。自信滿足了自我效能的需求。不過，就算有自信，也不見得能肯定自我價值，認為自己是「值得被愛的、受人尊重的」，加上自我效能感不一定是來自工作上的成就，或是物質財富的多寡。就像前面提到的汽車輪胎專賣店老闆例子，他雖然事業有成，但可能人際關係惡劣，或是家庭關係疏離，導致自我效能感低落。

有些人的自尊感，

取決於周遭身邊有哪些人。

人生中透過和別人比較，

藉此獲得價值感的事，應盡可能避免。

2 害怕犯錯型——負向經驗類化v.s.正向經驗類化

人們之所以會羨慕高自尊的人，其中一個原因是認為高自尊的人從未失敗過。但其實這只是偏見，失敗本身並非降低自尊感的因素。自尊感高的人，並不是沒有失敗過，他們只是不會把失敗當成負面經驗，反而會透過克服失敗的正面經驗，強化自己的內在。即使面對失敗，也會告訴自己天無絕人之路，不斷激勵自己努力向上。犯錯不要緊，失敗也無妨，重點在於跌倒後能不能站起來，繼續朝下一個階段邁進。

高自尊的人並不會極力忘記過去的錯誤或失敗，而是會積極地面對克服。在邁向三十、四十、五十歲的階段，會一再地重新定義二十歲時經歷的失敗。因為隨著自尊感的提升，我們更能客觀地看待自己的過去，並理解當時失敗的原因。

這就是為什麼世上備受尊敬的人們，總是強調失敗的重要性。試想，一個對你說：

「不管成功或失敗，都去試試看吧！」的主管，和另一個對你說：「公司交辦的事情，絕對不能搞砸！」的主管，這兩種主管之間的差異，值得我們好好思考。

反之，低自尊的人認為過去的失敗，是造成自尊感低落的原因。他們活在「犯錯＝失敗＝阻礙成功」的公式下，只想遠離失敗，不允許自己有任何犯錯的可能，每天處於警報器一觸即發的緊張狀態。由於害怕失敗，只要他們一遇到挫折，很可能會過度沉溺於失敗主義。這種應對失敗的方式，常見於低自尊的人身上。

例如，因為初戀失敗受過傷的人，在談下一段感情時，太過害怕失敗，很容易會毀掉剛萌芽的新關係。每個人面臨初戀分手、經歷第一次失戀時，都會覺得整個世界彷彿瞬間崩塌，對任何事都提不起勁。不過，下一段戀情會再出現，雖然它也可能成為第二次失戀的經驗，但不管怎樣，痛苦終究會過去，如果裹足不前，就不會有另一個嶄新的開始。

而且從失戀的經驗中，可以培養挑選適合自己另一半的眼光。當心儀對象出現時，也能客觀地評估和這個人談戀愛的優缺點，並學會調適自己的情緒。假如出現喜歡的人，但預期到這段戀情將會面臨重重關卡時，也能幫助自己做足準備，設法克服這些障礙。當我們專注於從反覆的失敗經驗中獲得的能力，自尊感也會大幅提升。

失敗是成為人生舞臺主角的必經過程，無論是便利商店的工讀生，還是企業的大老闆都一樣。我們藉由失敗獲得的領悟，讓自己不斷進步。這跟唯有寫錯答案，才知道自己還有哪些該學習之處，是同樣的道理。

專家與非專家有何區別？兩者的差別並不在於誰的工作能力更強，而是在於誰能更遊刃有餘地解決迎面而來的問題。從這個意義上來看，提升自尊感能降低我們面對失敗時受到的衝擊。隨著失敗次數越多，累積的經驗值也將越豐富。

低自尊的人，往往會因為害怕失敗，甚至連開始都不願意。每當開始做某件事時，總是會先想到失敗的可能性。即便嘗試挑戰，也會盡可能避免一切失敗。但高自尊的人並不會因為害怕失敗而不敢開始，反而會盡最大的努力，設法取得成功。

低自尊的人會運用負面能量，來抵抗面對失敗的恐懼與不安；反之，高自尊的人則會運用正面能量，去挑戰和解決眼前的困難。因此，即使做相同的工作，低自尊的人較容易厭倦，因為他們的警報器太敏感，遇到一丁點狀況就會過度反應，試圖避免任何可能發生的危險。對他們而言，嘗試新挑戰只是自討苦吃，因此他們為了避免失敗，通常不太願意踏出第一步；雖然降低了犯錯的可能，但相對地也會缺乏經驗。就算同樣認為外面世界很危險，但「好歹也要走出去看看」和「誓死也要死守舒適圈」這兩種不同的心態，造就的結果也會截然不同。

假如一個人從未失敗過，累積的經驗也不多，卻能擁有穩健的高自尊，很可能跟他先天的氣質有關。不過，天生高自尊的人基本上是少數族群。想要擁有高自尊，必須要付出學費。我們長大後，想必深刻體認到人生中沒有不勞而獲的事情，就算是平白無故獲得的東西，日後也一定得付出相對應的代價。**失敗，正是提升自尊感所要付的代價**。

有一陣子很流行「不幸守恆法則」的說法：每個人一生中會遇到的不幸都有一定的總量。如果失敗也包含在不幸的總量內，既然如此，早點經歷完這些失敗，也未嘗不是件好事，這是高自尊的人的思考方式。

但在這裡，有一點需要注意。如果一再經歷同樣的失敗，心理學將這種現象稱為強迫性重複（Repetition Compulsion），例如一直和不合適的對象談戀愛，就屬於這種狀況。像這樣反覆同樣的失敗，這也是低自尊的人才會出現的模式。因為自尊感低落，才會離不開對自己毫無幫助的關係，因此一再失敗，形成了惡性循環。不能因為這種病態的關係模式，就認為「戀愛本來就是這樣」或是「男人沒一個好東西」，必須要盡快意識到自己正陷入盲點。

經歷失敗時，自尊感當然會變低。這時候，可以運用以下的方法減少自尊感受損：當你在做任何選擇或嘗試時，先預先設想過最好的結果和最差的結果，例如我正打算辭去工作，開一間咖啡廳。最好的結果是，我能夠擁有一間屬於自己的咖啡店，自己開店當老闆。然而，倘若整體營收狀況不如預期，包括店內裝潢、設備費、店面押金等費用加總起來，一年內將損失近兩百萬元，再加上辭去工作的收入損失，虧損金額可能高達三百萬元。在心底盤算過最壞的局面後，再問自己是否能勇於承擔這樣的結果。

萬一真的碰到最壞的結果發生，也必須盡快思考自己在這段過程中學到了什麼。即使是失敗，也一定會有收穫，至少可以覺察到自己的個性有哪些地方不適合開店，從自我反思中獲得成長。

患者剛開始進行諮商時，原本以為一件事情只有天堂和地獄兩種結果，後來才慢慢體會到事實並非如此。凡事不是非黑即白，即使是最差的結果，也會有好事發生。當然也不能否認，許多原本不確定是否行得通的事，有時也會出現絕對行不通的明確答案。

也就是說，凡事不要以結果論成敗，而是要從正向和負向不同角度切入，這樣至少能跳脫單一觀點的思考邏輯，晉升到多元思維。不要認為失敗一定是不好的負面經驗，但也不要一股腦地認為失敗是件好事，這是落入二分法的思考方式，我們應該嘗試從各種多元的角度思考。光是明白這點，就能夠提升自尊感。

3 渴望認同型

——獲得認同 V.S. 單純喜悅

大多數人對自尊感的另一項誤解，是認為獲得認同和稱讚就能提升自尊感。在成長過程中，被父母肯定讚美的孩子，自尊感確實會比較高。然而，擁有高自尊的他們，其實也會受到父母適當的批評和指正，但我們往往會忽略後者。事實上，比起父母的肯定讚美或是批評指正，更重要的是，**父母是否能把孩子視為獨立的個體看待，對孩子的自尊感影響更大。**

許多父母帶孩子一起來就醫時，我有時候會看到他們互相爭執的畫面，不難發現這些父母和孩子們，無論是個性或態度都很像。在控制慾旺盛的父母下長大的孩子，也會不由自主地想要控制別人。因為在他們的認知裡，唯有這種方式才能影響別人。

那麼，在家裡、學校或職場上獲得認同和讚美的人，也一樣會肯定和稱讚別人，這樣不是很好嗎？在這裡，有一個觀念必須澄清，那就是認同和讚美，本質上是從別人身上獲取回報和獎勵的行為。

事實上，認同和讚美反而是導致自己和自尊感拉開距離的因素。雖然獲得認同是人類重要的需求之一，但令人訝異的是，它與自尊感並無直接關聯。原因很簡單，自尊感是源自於內在，而認同和讚美則來自於外在。因此，假如過度追求認同和讚美，很容易形成「假自尊」。

我們經常可以看到，上幼稚園的孩子不管做任何事，都希望獲得母親的讚美。孩子之所以會這樣，是因為一切生活起居都還離不開媽媽。就連最基本的生存需求，也必須仰賴父母。因此，有所覺察的父母不會利用稱讚和嘉許，做為控制孩子的手段。而隨著孩子的成長，他們也會適時放手，讓孩子自己做決定。唯有如此，才能幫助孩子提升自尊感。

在某些成年人身上，也能看見他們做出宛如幼稚園孩子般的舉動，像是明明不必特地報告，卻刻意在假日傳訊息，告訴老闆自己完成了哪些「豐功偉業」的主管。他們希望獲得上位者的肯定，以鞏固自己在公司的地位。這類型的主管通常會採取高壓手段管理部屬，因為他們認為部屬的表現，會影響老闆對自己的評價。他們也同樣渴望獲得部屬的崇拜，但像這樣的人不懂得帶人帶心，很難帶出優秀的團隊。因此，身為一個好的領導者，不會以上對下的方式誇獎員工，而是會把這項成果視為整個團隊的成就，藉此激勵團隊士氣。這樣一來，大家就會把工作當成是自己的事看待，反而能提升團隊的向心力。

最近有種說法是：和千禧時代的年輕人溝通，不管怎樣先誇獎就對了。要先稱讚他們「好棒棒」，接下來的批評指教才會聽得進去。這世代之所以會有這樣的特徵，是因為在評價項目細分化的系統機制下，他們每天能接收到各式各樣的評價，由於人們會傾向於傾聽讚美與認同，因此相對較聽不進去指責性的評價。事實上，個人自尊感與社會自尊感有著密切的關連性。在這個時代裡，每個人都渴望贏得讚美和認同，但如果想拿回人生的主導權，必須學會與這樣的欲望保持距離。

想要獲得肯定、被人稱讚的欲望，有時也是一種生活的動力。如果這種欲望只是暫時讓心情為之振奮，那倒無妨。不過，倘若將追求認同和讚美當成目標，會讓自己一直活在他人設定的框架裡。成功贏得他人的認同和讚美時，雖然會增強自信心，卻無法提升自尊感。正如前面所提到的，因為自信心與自尊感並不能劃上等號。

阿德勒（Alfred Adler）心理學代表作《被討厭的勇氣》一書中，也曾提到「所謂的自由，就是被別人討厭」的概念。這句話並非表示「因為我是對的，所以不必害怕別人討厭」，而是在說假如我們為了獲得別人的肯定、不想被別人討厭，就會失去自主權。而失去自主權的人，就會受到他人擺布。

即使是出於善意幫助別人的行為，也是同樣的道理。當我們做了某件事，對家人、公司或社會有幫助時，會感到滿足喜悅。這種體驗有助於提升自尊感，但如果做這件事是為了獲得別人的肯定，就失去了真正的意義。

我偶爾和患者們聊天時，他們會希望從我這裡聽到讚美的話。通常，我不會因此讚美他們。因為讚美涵蓋了評判在內，而我並不是「評審」。我所能做的是打從心底替他們感到開心。當他們對我說：「我這次考試上榜了！」「我取得資格證了！」我不會回應他們：「你真是太棒了！」「辛苦你了！」像這種帶有評價意味的話語，而是會真誠地對他們說：「實在是太令人開心了！」「這真的是件值得祝賀的喜事，恭喜你！」

評價，基本上是把一個人綁在「過去」。我雖然會看見患者的過去、現在和未來，但我的工作是不讓他們被過去局限住。無論過去是好、是壞，其實對人生並沒有太大意義，更重要的是「活在當下」，為今天值得開心的事喝采。

許多人經常感受不到「有人陪你一起開心」這類小小的善意。自尊感低落的患者們，往往不是曾經遭遇過嚴重的創傷，而是缺乏溫暖的關懷經驗。

我總算發行了我獨立製作的單曲，光是聯繫歌手、找唱片公司洽談，直到通過審查，我花了好幾個月，好不容易才完成這首曲子。結果，我寫 E-mail 告訴媽媽這個消息，她卻連信都沒有點開。

這位患者的話裡夾雜了想要向父母炫耀的心情，以及和父母錯綜複雜的情感關係。聽到這番話，我的內心其實很難過。很想代替沒有點開信來看的母親，大力稱讚他一番。但我並沒有這麼做，而是真誠地恭喜他。因為唯有如此，他才能脫離父母親，成為獨立的自我，同時也能因為工作上的成就，進而提升自尊感。況且，光是像這樣恭喜他，替他感到開心，就能帶來許多正向效果。當一個人缺乏對自我存在價值的肯定，會不斷想依附別人，從別人身上獲得讚美，不自覺活在別人的嘴裡。

婆婆送我一枚鑽戒，說是感謝我即便在這麼辛苦的狀況下，依舊對先生這麼好。但我因為帶孩子的關係，其實平常根本不大戴戒指，我很想賣掉鑽戒，把錢用在別的地方，但又擔心之後如果婆婆問起鑽戒會難以啟齒，想賣也賣不了。

這位太太和經營中小企業公司的先生結婚後，便在家當家庭主婦，全心照顧剛滿週歲的孩子。但事實上，因為先生的事業不穩定，經常無法按時拿生活費回家，每天都過著捉襟見肘的日子。結果，婆婆卻在這時買了一枚鑽戒送她。其實，這位婆婆如果是真心想幫兒子一家人的忙，就不會花錢買鑽戒送媳婦。她只是想藉由送大禮的方式，做為收買、控制媳婦的手段，背後所要傳達的意思是：「以後可要繼續對我兒子好一點！」這位太太雖然清楚知道擺脫婆婆控制的方法，但像這樣經常被迫收下以控制為目的的獎勵，無形中也會降低自尊感。

有些人的行為作風跟上述案例中的婆婆很像，他們總是希望凡事能順著自己的意思進行，這類型的人被稱為控制狂（control freak）。而渴望獲得認同和讚美的人，很容易淪為控制狂的目標對象。

那些習慣處於認同和讚美的縱向關係❶的人，反而會對平等的橫向關係感到不自在。反之，擁有穩健高自尊的人，與任何人都能輕鬆建立橫向關係。即使遇到年紀比自己小的人，對自己說話的口氣像朋友一樣，不會認為他們沒大沒小，也不會因此感到自尊心受創。因為無論在任何關係裡，他們都把自己視為獨立的個體看待。

❶「縱向關係」是一種刻意（或無意）營造出的上下關係，其背後的目的是干涉他人，其行為包含貶抑或稱讚。反之，與縱向關係相對的是「橫向關係」，它代表著一種人人皆平等的關係。阿德勒心理學認為橫向關係是所有人際關係中最佳的狀態。

4 以牙還牙型

——攻擊性 V.S. 自律性

每當我問那些患者們，為什麼會出現自尊感低落的感覺時，經常出現以下的回答：

我問爸媽，會讀書但愛闖禍的兒子，和不會讀書但不會闖禍的兒子，他們更喜歡誰？結果，爸媽說他們更喜歡「會讀書但愛闖禍的兒子」。隔了幾天再問，即使問了三次，他們的答案還是一樣。

我父親叫我的時候，是用考試分數叫我。「三十七！還不起床在幹嘛？你到底哪時候才能考上公務員啊？」我每天早上都會聽到這樣的話。

我每個月領到的助教薪水都是百貨公司禮卷：A百貨八千元，B百貨五千元，C百貨一萬元……像這樣東湊西湊加起來，每個月大概領兩萬八千元。我念到碩士只領這樣的薪水，覺得很自卑，就沒再繼續念博士了。你知道我讀什麼系嗎？我是念社會福利學系的，很諷刺吧？

公司裡那些正職員工不願意做的苦差事，都會派短期工讀生去做。新來的工讀生因為不大熟練，經常被罵得狗血淋頭。我工作能力還算不錯，所以很少挨罵，但看到其他工讀生被罵得這麼慘，我在旁邊聽了壓力很大，就辭掉工作了。很怕自己哪天不小心犯錯，被罵的人就是自己，內心感到很焦慮。

他們即使來找我看診了，也還是會覺得自尊心受創。別人會影響他們的自尊感嗎？答案是肯定的，而且是絕對會影響。他們可能讀了好幾本跟自尊感有關的書，按照書裡的方法寫下自己的優缺點、練習愛自己、安撫自己的情緒、努力擺脫愧疚感和自卑感。但即便這麼努力，卻始終無法提升自尊感——因為摧毀自尊感的關係依然沒有改變。然而，許多人也有這樣的疑問：

我從母親那裡受到的創傷，讓我感到自卑。雖然知道那不是我的錯，現在也已經沒跟母親住在一起，但我的自尊感仍然很低。

不問母親但改問別人的意見、一直抱著「我做不到」的想法、害怕失敗就先行放棄、在別人面前無法坦率表達自己的意見……不斷重複這樣的模式。像這樣又是怎麼回事？

關於這個問題，必須從前面提到的TCI測驗中自律性的部份著手，才能找到解決的線索。也就是說，雖然已經和母親保持距離，遠離讓自尊感摧毀的關係，但由於尚未累積足夠的自律性、自我意識、成就經驗等，才會不斷重複和母親相處時的行為模式。

與摧毀自己自尊感的人保持距離，只是踏出第一步而已，接下來，就是要邁向提升自律性的下一步。當自律性提升後，心裡會放下對母親的恐懼，也不會害怕上位者。過去被職場上司雞蛋裡挑骨頭時，會感到不安和害怕，但提昇自己的自律性後，回想這些事反而會一笑置之。

我以前是極度內向、自尊感低落的人，讓我開始改變的原因之一，就是不斷觀察那些高自尊的人。我也會問他們很多問題，根據不同狀況，提問的問題也不盡相同，但大致上來說，問題的核心都圍繞著：「如何才能提升自尊感？」

有些人原本也是自尊感低落的人，後來才逐漸恢復自尊感。從這些人的回答中，可以發現有幾項共同點：第一，他們是憑自己的力量，在某個領域中獲得成就，因而領悟到生命是掌握在自己手中。第二，他們總是把焦點擺在未來的計畫或目標。在這些計畫和目標裡，不只涵蓋了短期的具體目標，也把探究自我價值視為終極目標，不斷追求人生的意義和目的。最後一項共同點是他們都遇到了「貴人」，在正向的互動關係中，自尊感因此獲得了提升。總而言之，遇到好對象、好的伴侶，或是好的家人朋友關係，這些經驗能讓我們產生高自尊。

那麼，難道他們沒有自尊感受創的經驗嗎？他們當然也曾經遭遇過自尊心跌到谷底的經歷。但重點在於，他們對低潮的反應是「過去的事就過去了」，並不以為意地表示：「那又何妨？」

我母親曾經對我造成很多傷害。你問我現在和母親還有見面嗎？當然有啊！畢竟是一家人。但沒關係，因為母親是母親，我是我。

從他們的態度可以看出來，重點並不在於是否反擊回去，而是面對傷害自己的人時，我們是否能夠設立自己的心理界限，不受別人影響。想要修復受創的自尊感，倘若沒有和那些傷害自己的人先劃清心理界限，很可能會急著想要反擊回去，例如有些人覺得自己被侮辱了，即使徹夜未眠，也要想盡辦法報復回去。當自己受到不當對待時，與其怨天尤人，埋怨自己的遭遇，倒不如試著站在客觀的角度，思考為什麼會發生這樣的情況？這兩種做法是完全不同的境界。越是沉浸在自己情緒裡的人，越無法和傷害自己的人劃清心理界限，他們會不斷放大自己受到的傷害，也可能會認知扭曲。

亞洲父母們擔心孩子受挫而對孩子過度保護，也是問題之一。有些父母因為不想破壞孩子的個性和自律性，不管孩子做任何事，總是對孩子說沒關係，誤以為這麼做是尊重孩子。然而，這些父母扮演的角色，就像是《白雪公主》中的魔鏡。在父母的過度保護下長大的孩子，將來出社會後遇到否定自己的人時，比起站在客觀的角度，冷靜思考對方為何會這樣對待自己？為何會遇到這種情況？他們更可能會因為自己被否定而感到受傷，過度聚焦在負面情緒難以自拔。

許多培養自尊感的方式都強調要告訴自己：「我沒有做錯任何事。」「我是值得被愛的。」然而，我們卻常常忽略不問的是：為什麼要說這種自我暗示的話語？這麼做的用意是什麼？其實，這種自我對話是為了跳開糾結於對錯的二分法思維，不再執著於誰對誰錯。如此一來，才能與他人劃清心理界限，擁有自主掌控權。

然而，我卻經常看到弄巧成拙的情況：有些人會把自我暗示強加在別人身上，試圖控制對方。例如，我想要擺脫母親的控制，長大後卻反過來想控制母親。因為過去母親強迫我接受我不喜歡的價值觀，長大後的我便認為母親應該要認同我的價值觀，才是尊重我的表現。到最後，我依然無法與母親劃清心理界限，不斷被母親的言語和行為影響。因此，重點在於必須設立自己的心理界限，和對方保持心理距離，獲得內心的自由後，也比較能站在客觀的角度，試著去同理對方，進而思考：「為什麼對方會有這種想法？」

5 自我中心型
——依附關係 V.S. 關係界限

前面提到，擁有高自尊的人懂得為自己設立心理界限。心理界限感強的人，並非自我中心主義者。他們不是凡事只想到自己，而是懂得尊重自己。

自我中心思考的人，他們會將所有人際關係視為利益關係，評估這段關係對自己是否有利？還是會對自己造成危害？任何事情只從利害關係角度出發。有些人甚至會說：「反正只要我覺得好就好，不是嗎？」這些人厭倦了受人擺布的生活，這句話有著昭告天下的意味，表達自己不想再看別人的臉色過日子，以為這麼做可以提升自尊感。

但不妨好好思考「尊重自己」的意義吧！凡事只想著自己的人，他們不懂得尊重別人，自然也感受不到自己的價值。低自尊的人，即使是別人的錯，也會責怪自己；然而，自我中心的人，就算是自己的錯，卻會怪別人。像這種凡事以自我為中心的人，他們會認為千錯萬錯都是別人的錯，不懂得為自己負責任。如果是別人強加在自己身上的責任，當然要拒絕；但懂得為自己負責任的能力，也是建立自尊感很重要的一環。

最重要的是，讓自己處在孤獨的狀態，並不能視為劃清心理界限。誠如前面提到的，即使和傷害自己的母親分居、對母親避而不見，患者的自尊感也不會因此油然而生。同樣地，自私的生活也無法對提升自尊感有幫助。因為自我中心的人會一直想從別人身上索取利益，無法真正把自己和別人從心理上區分開來。

劃清心理界限，並不是自私的表現，而是為了在關係中保有自律性。我們在人生中無法完全與他人斷絕關係，或多或少是某個人的誰誰誰。在從低自尊走向高自尊的人身上，可以看見這些人的共同點都是藉由與他人建立關係，重新修復自尊感。其中，最理想的關係模式就是「不求回報的關係」。一旦建立關係不是出於滿足自己的私心，也就不會試圖利用獎勵和評價控制對方，所有的行為皆是出於無私的愛。針對這部分，我將在後面章節詳加闡述。

事實上，每個人都應該在童年時，從父母親身上感受到無私的愛。倘若無法從父母身上體驗到無私的愛，長大成人後，也可以從其他關係中體驗到這種感受，與他人建立正向的情感連結。因此有許多哲學家特別強調「友情」的重要性。朋友是沒有任何理由，願意對我好的人，我們可以一起開心、一起難過。我們無法選擇家人，但可以選擇朋友。如果和老朋友相處的某個瞬間，突然覺得和對方產生了彆扭，這時候只要與對方劃清心理界限就好。在這其中所需要的，是一種憑個人意志決定開始或結束一段關係的能力。

當我們能夠憑自己的意志與他人建立關係，並且讓這段關係朝正向發展時，就能與人建立形同家人的關係。即使在職場上與主管和部屬相處時，也能堅定地展現自我。一旦具備這樣的心理能力，即使在關係中受到不當對待，也能明確劃清心理界限，重新定義錯誤的關係，我們的自尊感也會跟著提升。

因此，想要修復在人際關係中受創的自尊感，方法不是在心裡壓抑著創傷，或是躲得遠遠的，不想再與任何人建立關係，而是要讓自己進入不同的關係，從關係中獲得不同體驗。要對自己有自信，並且為了創建更好的關係而努力。

在現代社會中，人際關係與自尊感的議題備受重視。過去我們所認定的關係形式，在現代社會中變得更加複雜，例如前來精神科門診就醫的患者中，許多人都患有輕微的關係意念（ideas of reference）[2]。關係意念是重度憂鬱症患者常見的症狀之一。當患者看到旁人聚在一起聊天時，會開始陷入胡思亂想，覺得「對方是不是在罵我？」嚴重的精神分裂患者，甚至會出現被害妄想症，會一直覺得有人對自己懷有惡意，想要傷害自己。

與過去相比，現今社會中人與人之間的實際互動越來越少，反而在網路上的互動比例大幅增加，導致這種症狀有加劇的傾向。光是從被害妄想的病例來看，就可以看出端倪。過去被害妄想症的患者，大多幻想自己被國安局之類的國家情報機構監控，主要是跟政治迫害的妄想有關；但現在妄想的內容，卻都跟數位科技有關，例如妄想自己被陰謀陷害、被監視器或電腦視訊鏡頭監控，或是自己的祕密在網路上瘋傳、在網路社群被霸凌、在聊天室中有人偷偷說自己壞話……等。令人意外的是，許多人深信不疑。隨著時代變化，妄想的內容也會跟著改變。

由於症狀過於嚴重，因而前來精神科就醫的患者們，通常都是自我強度（ego strength）瓦解的人。像這類因為網路留言，或是網路社群文化造成的自我強度瓦解，終究還是必須經由在真實世界中與他人建立正向關係的方式，才能重新修復。

❷ 意即將隨機發生的事件視為有特殊意義，並解釋為和自己有關。

被害妄想症的特徵之一，是患者們會一直陷入「別人都不會，只有我才會遇到壞事」的思考模式。這也是缺乏正向互動關係時常出現的現象。倘若身邊沒有可以傾訴煩惱的對象，很難完全解決問題。儘管我說過要提升自尊感，不能被別人的眼光和評價綁架，但這和「斷絕與外界往來」或「自我中心主義」是截然不同的兩回事。

當一個人凡事以自我為中心，反而更容易受到周遭環境影響。只想著自己，會讓自己與親密而獨立的關係離得更遠。高自尊的人，不會被別人的眼光和評價影響，因此他們能在關係中保有自主性，與人相處也能自由自在，這才是「真自尊」的表現。

有些父母們會對孩子耳提面命，不准結交某些朋友，這麼做其實是不相信孩子的自律能力、自我修復能力和自主能力，這類父母本身可能也是會一直在意別人眼光的類型。總結來說，要成為高自尊的大人，必須具備能夠信任他人的能力。

6 創傷記憶型
——過去導向V.S.現在導向

很多人誤以為低自尊是源於過去的創傷。但正如前文所提，高自尊的人並不是沒有經歷過創傷，而是他們不會讓自己糾結於過去的傷痛。

「創傷」這個名詞在字典上的解釋，意指承受相當於危及生命程度的巨大壓力（精神創傷），以致於在心理層面上產生揮之不去的陰霾。所謂的精神創傷，是指曾遭遇或目擊到強烈衝突或駭人事件，大部分是在無預警的狀況下發生，造成當事者內心承受巨大的痛苦，已超過可負荷的壓力極限。一旦遭受創傷，日後遇到類似的情境，會再次感受到當時的情緒，陷入不安和焦慮中。

然而，許多研究結果顯示，雖然心理創傷可能會影響自尊感發展，但影響可以說是微乎其微。

近年來，心理諮商相當盛行，踏進精神科診所的門檻比過去低了很多，自尊感成了大眾關注的議題。這雖然是好事，但也有副作用，其中一項就是：過度放大心理創傷的影響力。好比手臂嚴重受傷時，體力也會下降；內心受到巨大創傷時，自尊感也可能會降低。然而，療癒心理創傷後，自尊感自然也會跟著恢復。千萬不能把自尊感低落的原因，全部歸咎於心理創傷。

例如，我曾有一位二十多歲的患者，牽著母親的手前來診所就醫。她是一名憂鬱症患者，以她的病況來說，預估服用抗憂鬱劑一個月左右，症狀就能得到改善。但她的父母卻認為，光吃處方藥的效果並不夠。

她的母親對我說：「醫生，這孩子不知道是不是心理受傷了，似乎承受了很大的壓力，請您幫她做諮商治療吧！」於是，我直接開口詢問本人：「如果之後每星期來我這一、兩次，進行每次一小時的諮商治療，妳有特別想和我聊的事嗎？」結果她回答沒有。

「雖然我因為升上大四，即將面臨就業壓力而焦慮不安，但身邊的朋友也不例外。在我成長的過程中，我的父母總是給予精神上的支持，家境也很富裕。從出生到現在，我人生中最大的失敗經驗，就是重考。」類似像這樣的孩子，越來越多。我想說的是，並不是患有憂鬱症等心理疾病的人，過去就一定遭遇過嚴重的心理創傷，才導致內心有許多恐懼。但奇怪的是，人們對創傷諮商治療都抱有莫名的幻想。

也有人認為接受精神分析後，就能找到自己潛在的心理創傷。事實上，進行精神分析療法需要花費很長的時間，好處是可以重新解讀自己的過去。基本上，精神分析治療是運用自由聯想（free association）的技術，無心的玩笑話、記憶模糊的夢境、兒時生活瑣事……想說什麼都可以，透過完全自由的陳述方式，幫助患者從意識世界進入到潛在的無意識世界。

透過聯想的過程，和過去的自己和解，把過往的事情全數傾訴出來後，我們的內心會舒暢許多。然而，並不是說完後，自尊感就會自動提升，說出來只是第一步。當我們不再糾結於過去，才能走得更遠；能夠走得更遠，才能提升心理動力與自尊感。

心理學家阿德勒曾說過：「人們可以決定自己想過什麼樣的生活，用自己的方式解讀過去。」這是阿德勒心理學中個人邏輯（private logic）的概念。因此，過去並非絕對客觀的事實，而是「自己創造出來的現實」。

我並不常把「潛意識」這個名詞套用在患者們身上，也是基於這個緣故。因為過度強調潛意識，會讓我們不斷地想要探究行為表面以外的深層原因，導致我們無法更正確地認識現在的自己，也誤以為找不到解決方法。

我的立場與阿德勒的論述近似：無關乎過去的潛意識、過去的心理創傷，我們都可以從現在此刻起，選擇過新的生活。因為過去無法改變，並非我能力所及，我可以掌控的是現在。如此看來，抱著「過去的傷痛導致自尊感低落」的想法，從某個角度來看，或許可以說是「想要利用過去的傷痛，好讓自己維持現狀（低自尊的狀態）」吧。

現代人生活忙碌，很難做到每次解決問題時，都花時間追根究底、找出原因。加上人們普遍認為可以憑自己的意志改變一切，因此在成長過程中，特別重視教育的作用。由此觀點來看，強調原因論的分析法效果有限。

在原因論的論點下，許多患者們發現自己的自卑情結，是源自於成長過程中的遭遇。問題是，就算了解自卑情結形成的原因，自卑感也不會因此消失。換句話說，就算知道原因，也無法解決問題。過度強調心理創傷，不斷挖掘過去的傷口，可能造成更大的傷害。既然如此，還要一再地撕開傷口嗎？

會來找我的患者，不只有二、三十歲的年輕人，許多年紀超過四、五十歲的中年人，也會因為飽受兒時創傷所苦而前來就醫。他們向我訴說著童年時期父母對他們造成的傷害。有時候，我會直接對他們說：「那麼，要不要試著與父母保持距離？」往往我這麼說完，他們都很錯愕，露出一副「你怎麼可以說這種話」的表情看著我。雖然他們可能聽過朋友或旁人說過同樣的話，但聽到精神科醫師這麼說，受到的衝擊似乎更大。我通常會繼續對他們說：「你都已經是成年人了，過去發生的事情當然可以怪父母，但更重要的是，你希望未來的人生怎麼過？每次進來這個診間聊過去有多麼痛苦，當你走出這個房間後，有任何改變嗎？」

我真正想說的是：「**無論過去如何，你都有能力選擇重新活在當下。**」過去已發生的既定事實，無法幫助我們重建自尊感。市面上許多心理勵志類書籍，也都闡述了同樣的人生真理：不要追憶過去的榮耀、過去的成功，那些並不代表現在、或是未來。重要的是我們要活在當下，把每一天都當作全新的一天。關於自尊感的問題也是如此，不要把低自尊歸咎於過去的傷痛。

從我接觸過的許多患者來看，比起父母離婚或過世的傷痛，在人際關係或職場中錯誤的應對方式，才是導致自尊感低落的關鍵主因。例如，我過去在學校曾遭受罷凌，為了避免在職場上遇到同樣的問題，所以我不斷迎合討好上司，反而衍生了更多的問題。如果想要在職場與上司相處應對得宜，必須要區分清楚現在受到的不當待遇和過去曾經被罷凌的經歷，是截然不同的兩回事。

此外，不要把自尊感低落的原因歸咎於過去的創傷，還有另一項原因：這種思考方式會影響人際關係。深陷過去創傷的人，人際關係必然會出問題。他們很容易期待別人可以理解自己的傷痛，並予以同理。倘若對方不這麼做，就認為對方不把自己當朋友。

然而事實上，在學校、公司、生活中，他們遇到的大部分人很難能完全同理他們的傷痛。倘若一直滿懷期待希望別人能理解，會讓自己過得很辛苦。高自尊的人富有同理心，因此較能理解別人的心理創傷，但他們對自己的心理創傷，卻會保持客觀中立的距離。我見過許多高自尊的人，他們大多都對自己過去的創傷不以為意，覺得「並沒有想像中傷得那麼重」。

把自尊感和心理創傷視為不同的課題，對於走出心理創傷的陰影會有所幫助。誠如前述，我們與他人的互動關係會影響自尊感，因此必須拋開「過去的我」，以「現在的我」重新與人建立新的關係，才能打造正向的互動關係。

因此，比起「修復受傷的自尊」這種說法，我更喜歡「把自尊感拉到現在」的說法。我們不可能改變負面的過去，這很難做到，但我們可以做的就是稍微調整，把它拉往正面的方向。

那該怎麼做呢？我認為在描述自己現階段的自尊感定位時，最好用「尚未確立的自尊感」，而非直接用「低自尊」來表達。過於糾結在心理創傷，反而不利於提升自尊感。

我的診間經常有多元性別族群來訪，這些人在異性戀主流的社會中，因為與眾不同的性別取向，承受了許多痛苦。他們努力用各自的方式克服內心的傷痛，我從他們努力的過程，看見了自尊感種子的萌芽，也讓我不由得對他們的勇敢升起了敬意。我想，我的診所之所以被稱為是「彩虹友善診所」，並不是我特別了解多元性別族群，而是因為我承認自己不了解，因此更努力做功課，尋找相關資料。我諮商時切入的觀點，正是認為即使這些人過去曾遭遇過嚴重創傷，或是內心留有難以抹滅的傷痛，都不會影響他們現在的自尊感。

說直白一點，就算是沒有心理創傷的人，也可能有低落的自尊感。從我開始執筆撰寫有關自尊感議題的文章後，曾經被問過：「我的成長過程一路平穩順遂，工作也不錯，家庭關係也很和諧，但為什麼我的自尊感這麼低？」問題的關鍵就在於「平穩順遂」。

我反問他：「假如你被公司裁員、另一半跟你鬧離婚、孩子讓你操心不已……遇到這些狀況時，你會怎麼辦？」

即使是高自尊的人，碰到這樣的打擊也肯定非常難受。不過，高自尊的人就算再辛苦，也會想辦法克服。他們會朝「試著找找看新工作吧！」「離婚後要一個人養小孩，要思考怎麼做對孩子比較好？」「孩子叛逆的問題不見得在孩子身上，身為父母的我，是不是也該檢討自己有哪些需要改進的地方？」這些方向思考。

我們往往在幸福時，感受不到自尊感的重要；痛苦時，自尊感才顯得彌足珍貴。換句話說，當人生遇到難關時，才能看出自己是否真的擁有穩健的高自尊。重要的是，陷入危機時，能不能站在客觀的角度看待自己，依然懂得尊重自己？

「明明生活順遂，為什麼自尊感卻這麼低？」這個疑問其實也意味著自尊感與過去的創傷無關，而是跟目前的狀態密切相關。生活順遂某種程度上暗示著「這並不是自己設定的人生目標」。

每個人都有其獨特性，擁有不同的個性和過去，在人生中追求的方向和目標也不同。當你的人生找到方向和目標時，即使沒有太多高低起伏，每天的生活也絕不可能平淡無味。就算不是人人稱羨的職位，卻能夠樂在其中，朝自己設定的方向持續前進，在生活中體驗到喜怒哀樂，過著滿足的每一天。因此，我認為擁有自尊感，其實就是「活出獨特的個人色彩」。當沒有自尊感時，即使生活順遂，也會覺得索然無趣。當你活出獨特的個人色彩，就表示擁有真正的自尊。

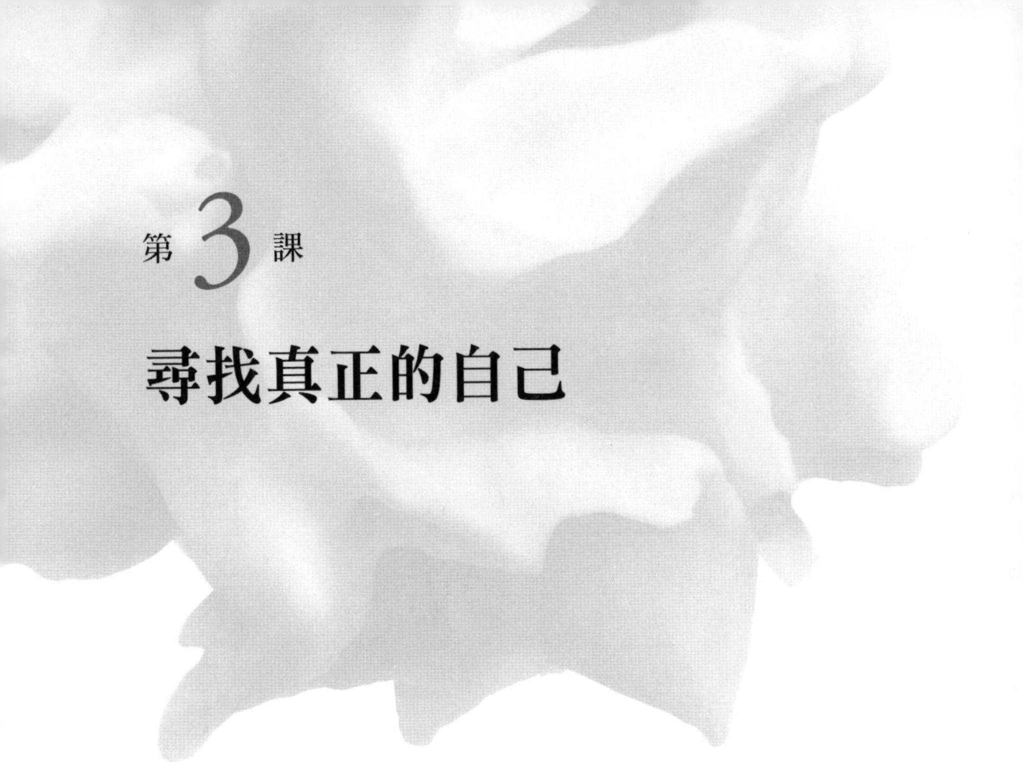

第3課

尋找真正的自己

繼續敲吧　內在的喜悅

總會開啟一扇窗　眺望站在那處的你

——摘自魯米（Rumi）《總會有水》

1 我能靠自己重建自尊感嗎？

在前面的章節中，針對建立自尊感時可能會產生的誤會和陷阱，我們有了更進一步的了解。那麼，真正的自尊感要如何建立？

在此之前，我們必須先理解自尊感的特徵。自尊感與社會自我有著密切的關聯性。前面曾提到，自尊感並不是由先天氣質決定，而是受到後天性格影響。換句話說，自尊感並非來自「別人眼中的自己」，而是專注在「讓自己成為自己」。

二十到三十歲，是人們最容易苦惱於自尊感的時期。這個年齡層的社會自我尚未建構完成，但並非不存在，而是處於一種渾沌不明的狀態。倘若在這段時間內，沒有建構起穩固的社會自我和自尊感，日後將會一直飽受低自尊或假自尊問題所苦。

智英花了很長的時間準備公務員考試，終於如願上榜。雖然成為人人稱羨的公務員，但智英卻沒有因此而感到快樂。國家政策一變再變，明明不關她的事，卻要一再地向民眾解釋，讓她感到極度不耐煩。明明是莫名其妙的問題，還得要耐著性子回答，智英內心的煩躁感油然而生。自己辛苦了那麼久，擊敗眾多競爭者，好不容易考上公務員，但這麼辛苦換來的不是豐厚的報酬，而是一堆不合理的要求。再看到上面的主管們，個個都很無能，讓她感到很心寒。

像智英這樣的狀況並非特例，許多人也遇到同樣的問題，這是因為還沒找到自己的職場定位，也就是對社會自我的自尊感尚未建構完成。

在人的一生中，二十至三十歲是最重要的黃金時期。根據個人的價值觀和行為，我們通常是在這段時期確立了社會自我的樣貌。和年長者聊天時，就能看得出來。年過七旬的長者們待人處世的準則，其實早在他們二、三十歲就已經確立。

二十到三十歲的經歷會對往後人生造成莫大影響。我之所以會特別關注年輕患者，也是基於這個原因。雖然他們是因為內心受傷，才會踏進精神科診所，但如果能帶給他們正向體驗，相信他們會活出不同的人生色彩。偶爾碰到經濟弱勢的患者，我也會讓他們賒欠醫藥費，以就醫治療為第一優先。當然，我絕不會把自己的情感投射到患者身上，也會維持必要的診療距離。

理解自尊感與社會自我有密切的關聯後，即使青少年時期有著黑暗的經歷，但長大成人後的自己，也可以揮別過往，重新建立自尊感。在青少年時期，我們會感覺許多事情往往都是無法改變的既定狀態——我們無法選擇父母是什麼樣的人，也無法選擇出生的家庭背景，在被賦予的角色身分底下，能夠改變的範圍相當有限，脫離不了學生、朋友、子女……這些角色。然而，值得慶幸的是，此時的我們離長大成人尚有一段時間。

邁入二十歲的我們，這時會開始經歷各種社會關係，在不同環境裡展現自己不同的特質，過程中也會發現不一樣的自己。例如，原本害羞內向的老么，開始出社會打工後，變得很活潑外向，會主動與人攀談聊天，成為了店裡的人氣工讀生，同時也提升了自尊感。

或許會有人反駁：「在學歷掛帥的現代社會，我的自尊感早在十八歲考完大學那年就毀了，學歷決定了我的一生。」然而，如果有人過了四十歲，還在吹噓自己是首爾大學畢業的，我們會怎麼看這個人？應該不會覺得他很厲害，反而是認為怎麼到這個年紀了，還只有這件事情可以拿來說嘴吧。

由於我的診所位於偏鄉地區，年輕人多就讀當地的偏鄉大學，然而他們未來的發展，並不會只因讀什麼大學而就此底定。當然，也並不是所有人都會因為學歷低而感到不快樂或自卑。事實上，許多因精神問題前來就醫的患者們，有不少人無論在經濟收入或社會地位，都有著很高的成就。有些在大公司上班，有些在自己擅長的領域發揮所長，從自由作家到年輕創業家，各行各業的人都有。再加上，在這個瞬息萬變的世界裡，據說目前現有的工作，未來十年內有百分之六十都會消失。在我看來，「學歷決定一生」的觀念是舊時代價值觀的最後掙扎。

學歷，也不代表一個人的知識水平。二〇〇七年後的諾貝爾醫學獎、化學獎得主並不都是名校出身，有些人的確是哈佛、耶魯、史丹佛等名校大學畢業，不過當中也有不少人是畢業於漢密爾頓學院、聖十字學院、亨特學院、羅林斯學院、伯里亞學院等名氣較小的學校，極端的說，這代表只要能考上普通大學，任何人都有機會可以獲得諾貝爾獎。

在韓國實境節目《孩子的情商，連媽媽也不知道》中，曾針對哈佛大學生進行追蹤觀察研究，調查顯示，百分之二十七的人沒有目標，百分之六十的人目標不明確，而百分之十的人雖然有目標，卻是短期目標。只有百分之三的學生擁有長期明確的目標。經過二十五年觀察下來的結果，發現這群百分之三的人，已經成為社會上各個領域的菁英人士。而那些設定短期目標的人，大多選擇成為醫生、律師、建築師、商務人士，過著相對安定的生活。而目標不明確的百分之六十，大部分還停留在中低階層的生活水準。最後是那些沒有目標的百分之二十七，僅能維持最低生活水平，不斷地找工作、換工作，埋怨別人、埋怨社會。

這個研究的結論是：**過著擁有目標的生活，比學歷更重要**。因此，在二、三十歲形成社會自我時期的階段，自尊感極為重要。無論你十幾歲時，進入的是排名墊底的私校，還是名列前茅的一流大學，假如沒有找到人生的目標，沒有好好看重自己的價值，過了十年、二十年、三十年，時間過得越久，學歷的意義也會跟著消失。

時至今日，建立自尊感這件事之所以如此重要，是因為要成為一位獨立成熟的大人，需要經歷一段時間。雖然身體儼然已經成熟，但在心靈層面上，似乎還需要更多時間，才能做好成為大人的準備。我們很容易對外在條件感到不安，唯有擁有強大的內在力量，才能站穩腳步。**自尊感是專注在內在價值的能力**。人活在世上，就是持續在沒有答案的問題裡找出答案。追求外在價值可能成功，也可能失敗。然而，在內在價值層面上的失敗，會成為自己的養分，讓自尊感不斷提升成長。當踏入社會前所需的準備期越長，只有專注在提升內在價值的人，才能戰勝漫長的準備期。

所謂的獨立自主，

就是擁有找到自己人生目標的能力，

因為人活在世上，

就必須不斷在沒有答案的問題裡找出答案。

2 我可以不戴面具的活著嗎？

踏進社會時，人們會戴上各種社交面具，即為心理學家榮格（Carl Gustav Jung）所提出的「人格面具」（persona）。人格面具的概念，源自古代希臘歌劇演員戴的面具，指人們在社會中會戴著各式各樣的面具。在不同環境、時代下，相似角色也未必會帶著相同的人格面具。例如在韓國社會中的媳婦，擁有特定的人格面具；但在美國，即使一樣身為家中媳婦，卻不見得會戴上同樣的面具。此外，在學校戴上老師面具的我，回到家中面對孩子，角色立刻轉變，換成媽媽的人格面具。

榮格強調在人生的後半場，必須有意識地覺察哪些是外界賦予的「人格面具」，並且找出真正的自我。戴上人格面具並不是不好，只是那並非真正的自我，而是在社會上生存所需的一種手段和方法，不能因此本末倒置。榮格所說的自我實現，正是來自個體化

（individuation）的概念。

榮格提出的「個體化」，在處理自尊感的議題上很重要。當我們無法擁有真正的自我，而是躲在外界賦予的人格面具背後，可能導致自尊感低落。不知道真正的自己是什麼樣子，戴著討好的人格面具，會終其一生活在別人的目光裡。但當要求患者們試著尋找真正的自己時，似乎又會出現各種誤解。

坊間許多心理書籍都會高聲疾呼：「去尋找真正的自我吧！」然而，到底什麼才是「真正的我」？我現在的樣子，難道不是真正的自己嗎？自己外在呈現出來的樣子，難道不是真正的我嗎？如果認定自尊感低落，是因為找不到真正的自己，很可能會讓我們誤以為要尋找真正的自己，必須改變自己目前的樣子，或是開始去挖掘潛意識，試圖尋找未知的自己，甚至可能把無法活出真正的自我，歸咎於過去的創傷等。因此，為了尋找真正的我，許多人卻開始否定「現在的自己」。我認為應該要以適合現代社會的方式，傳達「真正的自我」概念。

無論是佛洛伊德或榮格身處的時代，處處都能看到身份制度的痕跡。出生在不同的社會階層，生活型態會完全不同。當時的社會背景就是如此。以廣為人知的漫畫《艾瑪》❶

為例，便是一部以工業革命後，階級社會鬆動的英國為背景的浪漫愛情故事。漫畫中的女主角艾瑪是一名女僕，富有主見、聰明、美麗，她與出身上流階級的男子陷入愛河。這段戀情實現的過程並不容易，儘管當時已刪除禁止女僕與貴族相戀的法律，但不同的階級有著截然不同的生活型態。在那個年代裡，很難自由地展現個人的渴望，依自己個性選擇想要的生活型態，也幾乎是不可能的事。除了漫畫外，在當代出版的小說，也可以看出當時的社會樣貌。在佛洛伊德和榮格所處的年代，從出生起每個人就被賦予無法改變的社會地位，壓抑自我的議題，也因此在當時開始受到重視。

雖然在今日社會中，我們身上或多或少也背負著社會與外界加諸身上的角色，但和過去相比，已有很大的轉變。更重要的是，在現代社會中，每個人身上其實都被賦予了各種角色。很少有人可以一輩子在同一間公司上班，從事同樣的工作。結婚也不再是人生中的必要選項，適婚年齡的觀念也逐漸變淡。即使步入婚姻，家庭型態也和過去有很大的不

❶《艾瑪》（エマ）是日本漫畫家森薰的漫畫作品，描寫十九世紀末維多利亞時代的英國社會下，一名女僕與富家少爺相戀的故事。

同，沒有孩子的夫妻也不在少數，我們必須替自己塑造過往從未見過的角色定位。

因此，我並不反對適時戴上社交面具，許多人因為不願意接受某種程度的面具，反而讓自己在適應社會、人際關係上更為辛苦。接納社交面具，不表示我們必須無條件順應社會賦予的角色。並不是身為工讀生，老闆說什麼就一定得照作，接納的意思是，我們應該專注在扮演好工讀生的角色。

扮演好工讀生的角色，與勇於拒絕超出職責範圍外的無理要求，是截然不同的兩件事，事實上，這兩件事也必須區分開來。當老闆沒有按時發薪水時，應該要明確地向老闆提出辭職，並趕快去找下一份工作。即便是微不足道的工作，倘若是自己選擇的，也不能抱著厭惡和抗拒的心情工作。一旦出現「我只不過是個工讀生」這種消極的想法時，就會降低自己的自尊感，讓自己陷入痛苦。遇到老闆或客人刁難時，我們還可以與對方對抗、理論，但遇到自己貶低自己的情況，問題就會變得很棘手。

那麼，應該要怎麼做？事實上，即使是身為工讀生的我，也存在一部分真正的我。「真正的我」並不是藏在別人看不見的地方，而是必須在被賦予社會角色時展現出來。唯有如此，我才能在扮演各種社會角色時，擁有主導權，並且，不能由別人決定對於該社會角色的期待值和目標，而是要由自己定義。

母親的角色也是如此，天底下沒有兩個一模一樣的母親。提到好媽媽時，我們腦海中往往會浮現某種特定形象，但不必因為自己無法完全符合那個形象，就撻伐自己不是個好母親，陷入自責中。同樣地，也不必刻意啟動防禦機制，大聲疾呼：「不要強迫我成為一個好媽媽」，或是認為「媽媽的身分並不是自己真正的樣子」。無論前者或後者，都是一種對自我價值的傷害。核心的關鍵在於，要把焦點擺在「我可以成為怎樣的母親」，而不是糾結在「我想成為怎樣的母親」。找到最適合自己的媽媽的樣子，才是擁有真正的自尊感。

我認為在二十至三十歲這個階段，必須要好好認識自己，洞悉自己的人格面具。擁有穩健高自尊的人，並不會抗拒戴上人格面具，因為他們知道即使戴上人格面具，也不會影響面具底下真實的自己。唯有清楚意識到自己才是人生舞臺的主角，才能找到最適合自己的角色面具，並挑選到能將這個角色發揮得淋漓盡致的面具。

在人生的各種舞臺上，以及經歷各種關係的過程中，可以看出一個人自尊感呈現的樣貌。十幾歲時，在學校擔任學生會會長、進入名校的經歷，雖然可以提升他們的自尊感，但長大成人後，卻在人際關係中遇到阻礙，自尊感經常跌到谷底，也正是因為這個緣故。

或許有人會說：「我從頭到尾只想以一種樣貌示人，不想要戴上這麼多人格面具，這對我來說太累了。」你當然可以這麼做，如果是自己不想要站上的舞臺，你只要退出舞臺就好。

也有人從一開始就選擇劃清界限，不想和讓自己痛苦的人打交道。但如果想要把社會角色扮演好，有時也必須練習戴上適合的面具。不過，假如這麼做會讓自己的自律性和自由受損，也可以適時離開舞臺。

但也有人明明沒人強迫他，卻自己戴上假面具。最近年輕人們很流行「求關注」的說法，最經典的例子就是在社群平臺上狂曬照片，炫耀自己的日常生活，或是寫下誇張的留言，想藉此吸引別人關注，更嚴重的會出現精神醫學術語中的戲劇型人格障礙（histrionic personality disorder，又稱表演型人格障礙）症狀。雖然他們在網路上呈現的樣子，並不是受到別人強迫，但他們卻把自我價值交由別人判斷。

現今社會是積極表達自我的時代，因此在網路上自我揭露的行為，本身並不是件壞事。也許是為了與自己興趣、想法相仿的網友們互動，或是為了宣傳自己的事業、為了紀錄生活、向朋友傾訴心事等，無論基於何種目的在網路上自我揭露，只要自己清楚目的是什麼就好。然而，如果這麼做只是為了獲得別人的關注，忘記原本的初衷，即使展現出來的樣子再帥、再漂亮，對提升自尊感也沒有任何幫助，可能也會導致自我價值低落。重要的並不是他們在社群平臺上的呈現，問題在於他們把焦點擺在可以吸引多少目光。有些人會在自殘後，把傷口拍照上傳到社群網站上，底下會出現要他們「加油」的留言，而這正是他們上傳這種照片的目的。

像這樣拿別人的關心來定義自己，甚至會忘記如何表達自己的真實情感，連真正的自己是什麼樣子都不清楚。他們被別人罵了，就算再難過也會繼續假裝沒事、假裝開朗、假裝鎮定，別人很難看出這個人真正的狀態，可能會誤以為他的內在很強大，但事實上並非如此。別說是被外界否定，就算是受到肯定，他們的內心也會陷入空虛狀態，怎麼填都填不滿。

到最後，他們就像是插在花瓶裡的花朵，而非靠根部供給水份和養份的大樹。沒有根的花朵，只有依賴別人提供的水份，才能存活下來。我們往往發現社群媒體上看似光鮮亮麗的人，其實許多都患有憂鬱症，因為他們戴上人格面具，是為了尋求別人的認同。

3 我的個人特色是什麼？

如果說人格面具的概念，指的是形象、職責、角色、手段，而非真正的自己，那麼我們應該怎麼理解真正的自己？我經常會用多重身分認同（multiple identities）的概念來解釋——每個人在不同的狀況下，都會有不同的自我呈現，但那些都是真正的自己。有別於人格面具，每一刻的我都是真實的自我，它指的是對自己存在本身的認同，而非對職責或角色身分的認同。「多重身分認同」這個名詞，對現今社會中透過網路建立各種關係的人們而言，似乎不難理解，也很容易接受。

了解自己擁有各種不同面向，也有助於培養自尊感。我曾在游泳教室認識一名年約五十歲的男性，他不管在什麼時候遇到任何人，總是會親切主動地向大家打招呼、和年逾七旬的老奶奶噓寒問暖。即使有人跟他亂開玩笑，或是說些無厘頭的話，他也不會放在心上。大家以為他是賣汽車之類的業務員，後來才知道他其實是大學教授，就連和他很要好的游泳課同學，也很驚訝他是位教授。在游泳教室裡的他，並不以大學教授自居，而只是一名喜歡游泳的風趣大叔。當他站上講臺，回到大學教授的身分時，或許又會呈現出不同的樣子。我想，像他這樣的人，就算退休、卸下大學教授的身分地位後，也能重新找到自己的定位。

相反的，有些人則是無時無刻想要炫耀自己的職業或經濟地位。每個人都有各種角色身分，這些人不懂得在所屬的團體中以適當的身分與人互動相處，卻只想在別人面前，展現自己最有價值的一面。也經常可以看到有人只想凸顯自己顏值很高，無論男女老少，他們在任何聚會裡，總想要證明自己是全場最帥、最美的。明明除了外表外，其他特質也能獲得別人的好感（搞不好還可能贏得更高的評價），但他們卻把這種正向經驗拒於門外。

那麼，該如何善用多重身分認同呢？懂得經營好各種角色身分的人，他們對自我的認同感，來自於對自我本質的理解。我把它稱之為「屬於自己的個人特色」。所謂的個人特色，和榮格提出的個體化概念類似。個體化會讓人想到「自己與眾不同的地方」，但個人特色則是更強調「展現自己原本就有的優點」。要活出富有自尊感的人生，就必須找到屬於自己的個人特色。

個人特色（signature）原本的意思是指「署名、姓名、簽名」等，但最近它的意思被擴大使用，主要用來形容「主打商品」，例如餐廳菜單上品項琳琅滿目，但這間餐廳的拿手菜就是主打商品，可能是其他餐廳沒有的獨家菜色，或者是大家都有賣，但擁有自己獨特口味的菜色。

人也是如此，在生活中我們擁有各種不同的身分，當中會有自己「最擅長的角色、做得最好的事」，藉此拉開與別人的差距。個人特色可以是某種角色身分，也可以是自己的優點。即使一間公司裡有好幾位行銷企劃，但重要的是要找到自己獨特的優點，善用這項優點把工作做得更好，藉此獲得成就感。

對我來說，也是如此。在這個世界上有許多精神科醫師，有的人擅長以溫柔的語氣進行諮商，也有像我一樣不拘小節的醫師。有人擅長青少年諮商，有人則擅長老人諮商。有人擅長學術研究，也有人更擅於門診諮商。在從事醫生工作的過程中，像這樣找到屬於自己獨特的優點，也讓我重拾原有的自尊感。

對我而言，最重要的並不是成為名氣響亮的醫師。我雖然在鄉下地方開診所，但我並不覺得自己比不上那些知名教授。我喜歡全神貫注投入在一件事情上，擁有敏銳的觀察力，記憶力也很好，我很清楚我的優點是什麼。因此，在目前與患者們經歷漫長時間諮商的工作環境中，我可以把我的個人特色發揮得更好。

我同樣也有身為母親、妻子的身分，事實上，當媽媽或妻子的我，經常顯得很笨拙、迷惘，但這並不會降低我的自尊感。在職場中扮演的角色，也有屬於我自己的個人特色，在扮演好角色的過程中，會讓我獲得成就感。

或許有人會說：「我完全沒有自己的個人特色。」不必為此感到沮喪，因為要創造個人特色需要一段時間，需要累積各種不同經驗，但在社會自我尚未建構完整之前，很難完全確定哪些特質可以成為自己的個人特色。

也有許多人說：「我不大了解我自己。」「我沒有夢想，沒有什麼特別想做的事情。」——尤其在十幾歲的年輕人身上，更容易出現這樣的想法。在我看來，十幾歲時找不到夢想，是很理所當然的事情。雖然父母、師長、媒體會不斷耳提面命，要我們盡快找到自己的夢想，決定好自己的出路，並設法達成自己的目標。然而，很少有年輕人可以真的做到。要發掘自己的適性、興趣和優缺點，必須經歷過各種不同的體驗，但在青少年時期，這種經驗值往往偏低。雖然邁入二十歲後，會比十幾歲時好一些，情況也還是一樣。每次在門診詢問患者：「你覺得你是哪種個性的人？」大部分的人都會回答：「我不知道。」這些人一直此時才開始嘗試尋找自己的個人特色，脫離父母後，才能重新撰寫屬於自己的歷史。

許多前來精神科門診看診的患者，即使已經是成年人了，還是需要父母親陪同。當然，生病的時候希望有人陪同的心理無可厚非，但有時我感覺像是看到了擔心孩子在學校成績不好，為此打電話給指導教授的家長。當我問患者本人「你的個性如何」時，坐在一旁的父母會急著替孩子回答：「我們家的孩子很乖，但就是不懂得怎麼與人相處，個性太單純，老是被別人欺負。」父母因為看到孩子沉默不語的樣子，實在太鬱悶，才會忍不住替孩子回答。不僅如此，甚至還有許多已經年過四十的人，在各方面都還要仰賴父母做決定，一直活在父母的控制底下。

想要成為大人，必須要建立自己的價值觀，才不會輕易受他人價值觀影響。如果父母不尊重孩子的價值觀，會造成孩子的自我價值與自我效能感低落。雖然父母和孩子的價值觀可能很像，但接納父母的價值觀，並內化成為自己的價值觀，這段過程最終還是得靠自己才行。

倘若無法把父母和自己視為獨立的個體區分開來看待，這樣的人在戀愛或婚姻關係中，也可能會出現過度依賴對方的傾向。在職場上工作時，會把工作表現和自我價值劃上等號，只要得到任何負面評價，就會感到很痛苦，無法客觀看待現況。

當一個人從小沒有自己獨立的價值觀，就算長大成人後，也很難找到對生活的熱情。因為自我探索的過程與體驗被剝奪了，從未去發掘自己擅長什麼、興趣是什麼，到最後可能會連自己存在的意義和價值是什麼都不清楚，只是把別人的價值觀套在自己身上，對別人說的話照單全收，失去了屬於自己的個人特色。久而久之，也會失去對生命的熱情。因為熱情是自己積極選擇的價值。倘若一個人生活順遂、衣食無憂，卻突然在某一刻感到內心空虛，很可能是因為他從未建立屬於自己的價值觀，也未曾擁有對生活充滿熱情的體驗。即使沒有經歷過嚴重的心理創傷，也會陷入自尊感低落的狀態。

曾有一位來找我的女性患者，說她的夢想是念法律系。她並不是為了成為出色的職業女性，也不是為了進入知名律師事務所工作、賺取高薪，更不是為了當上法官或檢察官，實現公平正義的社會。她告訴我：「因為懶得找工作，而且很多人都以法律系為目標，所以想說我也去念念看好了。」許多自尊感低落的人，他們的人生沒有目標，也不覺得應該要擁有屬於自己的個人特色，處於一種無力的麻痺狀態。

當一個人知道自己的特質，活出屬於自己的個人特色時，他是充滿熱情的。一個擁有穩健自尊感的人，對生活也是充滿熱情的。在這個競爭激烈的時代裡，許多人對於懷抱熱情這件事感到抗拒。他們認為光是每天辛苦過生活，就已經很不容易了，在身心俱疲的狀態下，怎麼可能對生活抱著滿腔熱情？

然而，熱情並不是什麼遙不可及的東西，它是一種珍惜和專注於某件事的能力。無論遇到任何瓶頸、遭受侮辱或不公平待遇，當我們看重自己，並把焦點放在自己身上時，自然就能克服一切難關。當我們關注的對象是自己，這就是一種自尊感。

這樣看來，擁有自尊感並非難事。那些珍惜日常生活，並懂得享受生活的人，即使他們不是所謂的成功人士，也能時常感受到穩健的高自尊。

擁有自尊感並非難事。

珍惜日常生活，並懂得享受生活的人，

便能時常感受到穩健的高自尊。

4 我該不該為了對方改變自己？

由於自尊感與社會自我形成有關，因此在與他人的關係中，增加正向經驗是很重要的。想要擁有正向經驗，首先必須練習與他人建立關係。就像打棒球時如果上壘次數太少，安打的機率也會很低是一樣的，即使會被三振出局，也應該要嘗試揮棒出擊。

現今社會對年輕世代而言，如果是生存不易的世界，並不是因為他們成功的機率低，而是因為他們不容許自己在此時此刻經歷失敗，也不認為即使失敗也無妨，重新挑戰就好。他們會很焦慮，覺得履歷表內不該有任何一點失誤或空白，必須填滿成功的經歷才行，甚至有即將畢業的新鮮人，害怕自己畢業後找不到工作，乾脆申請延畢的情況。

這種焦慮會阻礙自尊感的形成，並不是只有迎向陽光時才能建立自尊感，在遭遇狂風暴雨的打擊後，你依然屹立不搖，自尊感也會油然而生。身為精神科醫生，我做的事情或許只是讓患者們知道，能夠克服這種不安的人，只有他們自己。

邁入二、三十歲後，終於可以選擇建立自己想要的關係。十幾歲時的朋友，通常都是因為地緣關係而認識，即使不喜歡學校或補習班同學，也必須每天和他們相處。再怎麼不想看到某個同學，去學校上課還是會遇到，很討厭自己什麼也做不了，討厭自己的無能為力。青春時期的衝突，也多半都是迫於無奈而產生的衝突。

然而，脫離青少年時期、成為大人後，在自己選擇建立的關係中，也一樣會遇到問題。和自己喜歡的人建立關係，但這段關係卻讓自己飽受痛苦，很可能會陷入自責，責怪自己「怎麼會笨成這樣，才會識人不清」。最具代表性的就是與配偶或是與配偶家人間的關係。明明這段關係是自己的選擇，但關係卻出現裂痕，沒有比這更讓自尊感受傷的事。

前來精神科診所就醫的患者們，其中不乏許多在婚後遇到婆媳問題、和岳父岳母處不來、和另一半衝突不斷的人。每天在電視上演的灑狗血劇情，並不是虛構的故事，而是血淋淋地在現實生活中上演。秀妍因為受不了來自原生家庭父母的壓力，她逃跑似地躲進了婚姻裡。結果，婚後卻遭遇嚴重的婆媳糾紛與先生的言語暴力，最終選擇離婚。獨自扶養孩子長大的她，自己開了一間小型室內設計公司，好不容易走過了這段艱辛的歷程。現在的她克服了種種困難，正積極努力地打造自己想要的生活。秀妍回憶起自己決定離婚的那一刻，她是這麼說的：

我因為身體不舒服躺在床上休息，躺了一天後，前夫對我露出不耐煩的表情，責怪我沒有好好整理家裡，害家裡到處亂七八糟。從那一刻起，我才意識到自己受到了什麼樣的對待，就是在那時候才下定決心要離婚。

以秀妍的情況而言，她在離婚後重新成功找回自尊感。然而，許多人身處在同樣的狀況下，卻深陷在痛苦中，不知該如何解決問題。以為遇到好人，一切就沒問題。但問題是，要怎麼知道誰才是好人？又或者是，要怎樣才能遇到好人？雖然有些人可能會說，沒有相處過怎麼會知道這個人好不好，但其實人最終都會被同樣類型的人吸引。

有句話說：「要成為對的人，才會遇到對的人。」如果想要和懂得尊重自己的人建立關係，我們必須先學會尊重自己，讓自己成為高自尊的人。高自尊的人，喜歡懂得尊重自己的人，他們當然也會懂得尊重對方。高自尊的人不會隨便與人建立關係，也不會因為身邊的朋友多寡而感到孤單。

反之，低自尊的人會有怎樣的表現？當一個人處於自尊感低落的狀態時，很容易會因為聊天時別人無心的一句話而過度反應，或是為了一些小事生氣或難過。也經常看到有些人談戀愛或在職場時，明明有話想和對方說，等對方真正在面前時，卻又刻意隱忍不說，結果忍到最後忍不住終於大爆炸，反而讓對方不知所措。因為他們心裡認為「即使說了也沒用」，於是一直忍氣吞聲，但實在忍無可忍，才會一口氣爆發出來。

自尊感低的人，也會出現陷在關係中難以自拔的情況。許多來找我進行諮商治療的人，經常因戀愛關係飽受痛苦。有些人不斷重複著糟糕的戀愛模式，或是一直被不想要的關係吸引，在戀愛中承受著各種痛苦。也有人明明很討厭對方，卻無法和對方分手，甚至對方已經出現暴力傾向，仍緊抓著對方不肯放手。還有人會認為自尊感受創是因為失敗的戀情，想把責任歸咎給對方。

面對失敗的戀情，當然必須離開。倘若是對方的錯，就接受對方的道歉，並讓對方負起應負的責任。然而，有些人明明一直抱怨對方的不是，卻不願意結束這段關係。類似這樣的情況，無論是男是女都可能會出現，這是一種「關係成癮」的現象。關係成癮並不是心理學上的專業術語，但這麼說可以讓患者們很快地理解自己目前所處的狀況。

「閃戀」是閃電式戀愛的簡寫，形容閃電般迅速墜入愛河的人。在這些人當中，他們對異性產生好感時，會想辦法透過肢體接觸，加速確認彼此的好感，有高度沉浸於戀愛感的傾向。嚴重的關係成癮者和對方分手後，會因為難過而哭泣和生氣，但事實上他們很享受這種痛苦的感受。以客觀的角度來看，這其實與自殘行為並無二異。因為他們認為比起毫無情緒的空虛感，還不如沉浸在負面的情緒來得更好。若仔細觀察出現這種症狀的人，經常看到他們深陷在反芻思維裡，不斷地鑽牛角尖、放大自己的情緒。

這也與缺乏歸屬感有關。十幾歲時，至少會有被動的歸屬感，但長大成人後，必須自己主動去尋找歸屬感。在找不到歸屬感的狀態下，倘若唯一能讓自己感受到歸屬感的私交關係產生裂痕，會難以承受隨之而來的空虛感。

有些人無法忍受獨自一人的孤獨感，即使不斷結交異性朋友，也還是會感到空虛，就算同居，也依然處在憂鬱和焦慮的狀態。想利用別人解決自己內心的孤獨感，從一開始就是不可能的事。

擁有穩健高自尊的人，心理獨立性也很強。他們懂得調整自己與他人之間的距離，知道自己與他人是獨立存在的個體。這句話的意思，並不是要我們與他人保持疏離，而是要懂得適時調整距離。最近許多心理書籍都提倡要與他人保持適當的距離，以免讓自己受傷，強調要以自我為中心，但經常看到很多人對此有所誤解。

在佛洛姆（Erich Fromm）《愛的藝術》（*The Art of Loving*）這本書中，有一段話是這麼寫的：「學會愛人之前，要先學會獨立。」所謂的獨立，並不是「不管再怎麼相愛，別人終究是別人」，而是要將自己視為完整獨立的個體，相信自己有能力可以調整自己與他人之間的距離，而不是一直把別人推開。我可以有和戀人形影不離的時候，也可以接受彼此有各自的生活和獨立的價值觀，保持適當距離相處的時候。不因距離近，而產生過度依賴；也不會因距離遠，而覺得感情變淡或變質。以空間感形容，也就是不要過度注重自己與對方的交集，只專注在尋找彼此的共同點，而是要感受到在連結之外，仍維持對等存在平衡狀態的穩定感。

所謂的自尊感，或許可以說是一種能承受孤獨的勇氣。即使一個人，也不會感到孤單，也能感受到自己與對方、世界的連結，必須相信自己可以開創自己的未來。

那麼，談戀愛應該找哪種人比較好？答案只有一個，那就是「懂得尊重自己的人」。

不懂得尊重自己的人，也不懂得尊重別人。此外，也必須小心用「假自尊」來武裝自己的人，因為這種人很難接受伴侶與自己的不同之處。誠如前面提到的，像是驕傲自負、自私自利、攻擊性強……這些特徵都不是自尊感的表現，也要特別小心喜歡自怨自艾的人。彼此都懂得先理解對方，愛情才能長長久久。

許多來找我進行婚姻諮商的人，提到的問題不外乎是夫妻的性格南轅北轍，從小成長的環境和價值觀相差甚遠。比起檢討自身的問題，幾乎絕大部分的人，都是把問題的矛頭指向對方，帶著攻擊的意味，拼命挑剔對方的毛病。前來進行諮商晤談的人，夫妻關係大多都是處於這種狀態，因此比想像中還難處理。雖然婚姻諮商診所越來越多，但實際上很少有精神科醫師能解決這個問題。因為問題最終還是在自己身上，而非對方。有些人認為婚姻諮商必須夫妻一起進行，才能達到諮商成效，在這種狀況下會出現想把責任歸咎於對方的心情，也會讓自己陷入自怨自艾的情緒裡。

來診所進行婚姻諮商的夫妻們，最常說的一句話就是：「怎麼會有人這樣想？怎麼會有人這麼做？」即使是相處再久的夫妻，彼此也是截然不同的個體。比起相同之處，不同的地方或許更多，不可能有完全一模一樣的兩個人。就連生活在一起的夫妻都會遇到這樣的狀況，戀人之間相處當然也會因為彼此的差異而產生衝突。

克服彼此差異性最好的方法，就是理解對方的不同，並把它視為自我改變的新契機。因此，自己必須對改變抱持著開放的心態，適時改變自己習慣的溝通方式、習慣的關係模式、習慣的戀愛模式，但低自尊的人無法接受改變，因為他們討厭改變。

高自尊的人則會把改變當成是一種機會。對重視自我價值的人而言，他們認為改變是提升自我價值的契機。理解接納他人的想法與價值觀，並不是服從對方，而是站在體驗新事物的角度，視為值得嘗試的事情。如果評估後覺得改變會對自己不利，他們也相信自己可以立刻抽身止血，因此與對方相處時，不會排斥嘗試改變自己。

經常聽到許多人建議：「談戀愛時不要想著改變對方，而是要試著改變自己。」這句話的意思並不是要我們捨棄原本的自己，而是要願意接受新的變化，引領自己做出改變。所謂的自尊感，就是相信自己有能力可以自我主宰，並勇於改變自己。因此，和擁有真正自尊感的人在一起，自己也能在這段關係中，感受到改變自己的樂趣。透過這樣的過程，在與他人的關係中，也能創建屬於自己的個人特色。

5 我屬於哪裡？

要擁有自己的個人特色，需要思考的還有歸屬感和成就感。仔細觀察低自尊的人之所以能夠提升自尊感，往往與找到歸屬感有關。從來找我的性少數者身上，可以看到這點。

我覺得自己好像是無性戀者❷，不管對異性或同性，從來沒有過心動的感覺。當有人向我告白時，我會感到很不自在。我從小在篤信基督教的家庭中長大，但在基督教裡，認為無性戀者比同性戀者更糟糕，因為違背了神的旨意。連我也覺得自己是喪失某種能力的人。然而，我上大學後認識了其他性少數者，才知道原來有許多跟我一樣的人。看到這些人當中，也有許多表現出色的人，心裡感到特別踏實，讓我開始對未來充滿期待。即使性別取向與別人不同，我也可以活出自己的人生。

除了現實生活中的關係外，網路上的社群團體也能帶給人歸屬感。雖然網路社群排他性和封閉性的問題令人詬病，但人們會想要認識和自己想法、興趣相仿的人，藉此獲得內心的滿足感，是一種近乎本能的驅動力。並非只有隸屬於某個特定的團體，才能產生歸屬感，透過文化認同、時代認同、地區認同，也能帶給人們歸屬感。核心的關鍵是，出於自願的正向歸屬感，有助於認識自己，可以從自己擁有的各種特質中，找到屬於自己的個人特色，進而形成自尊感。

大多數人對自尊感的誤解，其中一項是「高自尊的人喜歡獨來獨往」。事實上並非如此。高自尊的人認為自願的歸屬感很重要，他們只是不想要被非自願的歸屬感綁架。一個好的團隊，通常可以讓人產生自願的正向歸屬感。過去的組織往往會強調大家是「命運共同體」，為了團體利益必須犧牲自己，藉此強化成員對組織的認同。然而，在重視個人自尊感的時代，這種方式已經不管用，反而會適得其反，削弱成員的歸屬感。

另一方面，也有不重視歸屬感的團體，認為這樣能肯定成員們的自律性和個性，藉此

❷ 無性戀（Asexual），性取向的一種，指沒有或鮮少感受到他人性吸引力的人。

激發出更多的創意。但這反而是不負責任的做法，因為這會讓成員們不把自己視為團隊的一份子，當一個人對團隊沒有正向的歸屬感時，會造成自尊感低落的現象。在這樣的狀況下，會產生冷嘲熱諷的負面情緒，成員們彼此間互不信任，整個組織充滿了令人緊張的不安氣氛。在這類型的組織裡，也會缺乏合理的考核標準和紀律。

除了歸屬感，成就感問題也與自尊感密切相關。在尹弘均老師的著作《自尊感課題》一書中，有一句話寫道：「不要從事會讓自尊感降低的工作！」例如必須進行情緒勞動的職場環境、公務員等。來找我看診的上班族們，許多人都有類似的狀況。

大家老是叫我把眼光放低一點，但我想要的只不過是最低薪資的工作而已。我明明有好幾張電腦相關證照，大學也是企管系畢業，卻遲遲找不到工作。就算投了履歷，也沒有接到任何面試通知。

去百貨公司請店員拿商品給我看時，開頭第一句話一定是「不好意思」；在銀行遇到客戶抱怨，也會先對客人說：「不好意思」。無論去哪裡，總是把「不好意思」掛嘴邊。

不只是我，其他在銀行上班的同事也都習慣這樣說。

「年輕時多吃點苦，對將來有好處」這句話只說對了一半，二、三十歲的年輕人，正值社會自我形成的時期。倘若在此時遇到懂得尊重自己優點，並協助自己改進缺點的人，會成為培養自尊感的龐大資產。由於自己的價值和潛力獲得肯定，日後無論去任何地方，也不會輕易受到他人影響，擁有力量面對一切困難。從這點來看，比起強調敬老尊賢的公司，懂得尊重新進員工的公司，團隊整體的自尊感更高。可惜的是，現在要找到這種尊重員工、工作環境穩定、退休制度完善、社會認同度高、薪水高、氣氛好的公司，是非常困難的事。

我常覺得對二十幾歲的年輕人來說，初入社會就得面對如此險惡的工作環境，並不是件好事。第一次踏入社會就碰到不好的經驗，之後就算有再好的體驗，也很難消除過去負面的體驗。當負面經驗根深柢固時，在還沒開始工作前，可能會對工作產生恐懼。即使不斷對自己信心喊話，告訴自己：「我可以做到！要相信自己！」這種恐懼也不會消失。

事實上，並不是我們想做什麼工作，就可以做什麼工作。在這個時代裡，能找到不錯的工作就是值得慶幸的事，有時也需要給自己一些磨練的經驗。然而，在社會辛苦的生活中，要獲得成就感，藉此提升自我價值感和自我效能感，必須掌握幾項準則。

首先，要區分清楚角色定位和職場地位。角色定位取決於自己具有何種專業能力，職場地位取決於公司規模大小、位階高低。自尊感是來自角色定位，而非地位。

此外，出社會工作後，自己是否能夠擁有足夠的掌控權也很重要。在醫院工作的實習醫生，比住院醫生的自尊感來得要低，其中一項原因就是實習醫生沒有決定權。在成為專業醫師之前，實習醫生只能當學長姐的跑腿，學長姐說什麼就得做什麼。醫生的工作是攸關性命的事，不容許任何一點差錯，而且在過程中，自己沒有任何主導權，只能聽命辦事，長時間飽受自卑感之苦。

如果待在完全沒有任何決定權的環境中太久，將無法提升職場上所需的專業和實力。像我也是因為可以自己決定用什麼治療方式的看診經驗增加，才找回身為醫生的自尊感，實力也因此得以提升。

舉例來說，在醫療現場接觸需要長期住院的痴呆症或精神分裂症患者時，除了掌握患者的病理狀態，我會特別留意家屬的經濟狀況，再決定適合患者的治療方式。這是過去忙著照看病人的我，之前從未想過的重要細節。發現自己居然會考慮到患者的外在條件，再決定採用何種治療方式，讓我對工作產生了更大的熱情。

像這樣完全投入在工作裡獲得的成就感，即使是再小的成就感，也是培養自尊感很好的養分。因為自尊感和成就大小、外在評價無關，而是一種自我肯定的能力。

偶爾也會遇到有些人會抱怨，自己明明是名校出身，卻要做這種卑微的工作。首先，的確有可能真的是職場環境或工作本身很糟糕，然而倘若沒有這種問題，卻還是會出現「這不是我該做的工作」的想法時，會導致自尊感低落、陷入低自尊的狀態，開始對公司或工作充滿批評和怨懟。在找到更好的工作之前，必須先想想自己究竟想要追求的工作本質是什麼？

紐約大學管理學教授艾美．瑞茲內斯基（Amy Wrzesniewski）帶領的研究團隊，曾針對二十八名醫院清潔人員為對象進行研究。調查結果發現，將工作視為天職的清潔人員，讓工作變得更有意義。他們認為自己的工作很重要，可以幫助患者盡快康復，做起事來很有效率，並且會在別人提出要求前，就先主動完成工作。

然而，不是每個人都可以找到視為天職的工作，要找到適合自己的工作環境，更是難上加難。尤其是在就業不易的大環境，跟工作相關的一切都是壓力。雖然沒有標準答案，但如果遇到跟自尊感有關的工作問題時，必須正視不能逃避。如果逃避問題，陷在自己的情緒裡，絕對無法建立自尊感。

待在能讓自己感受到「我可以發揮我的能力、我的能力可以獲得成長」的公司，即使是再小的事，也是很重要的。如果沒有機會透過形成社會自我，找到屬於自己的個人特色，一直抱著騎驢找馬的心態換工作，會不利於自尊感的形成。有些人就算待在條件很差的公司，依舊可以找到成就感，他們的自尊感並不會因此受創。像這樣擁有許多成就經驗的人，他們有自己的個人特色。不管受到任何委屈，都能維持穩定的自尊感。

因此很多人會建議：「選擇自己擅長做的事情，而不是喜歡做的事情。」在十幾歲追求夢想時，聽到別人建議不要做喜歡的事情，而是要做自己擅長的事情，會覺得對方像是在潑冷水。事實上，這些建議並不是要我們放棄理想、選擇現實，而是做自己擅長的事情，才能找到成就感，也才有機會成就理想。

經常看到許多二、三十世代的年輕人，明明在這時期應該要形成個人特色，培養出個人自尊感，卻陷入無力感的狀態。這個世代是習得性無助（Learned helplessness）的時代。習得性無助是從心理學家馬汀・塞利格曼（Martin Seligman）的一項實驗中衍生出來的理論，意思是當一個人長期處在無法逃避或克服的負面狀況下，覺得自己無論再努力也改變不了結果，因而習慣性呈現無助的狀態。

這個世代下，大部分的人從學生時期開始，就一直因為成績產生自卑心理。即使出了社會後，也無法擺脫這種無助的狀態。從「金湯匙、土湯匙」這樣的說法，也可以感受到貧富差距帶來的無力感，因而集體陷入慢性憂鬱，導致有些人會認為「自己不管做什麼也沒用」。另一方面，有些人則是受到過度的期待和稱讚，覺得「我值得更好的，為什麼要接受這種待遇？」這兩種都是因為長時間處在沒有自主決定權的狀態下所產生的副作用。想要擁有自尊感，其實也表示想要擺脫這種無助的狀態。

因此，我認為必須從自己擁有的各種特質中，找到屬於自己的個人特色，並以此為基礎，建立個人自尊感。不能只追求別人眼中的好，或是為了讓自己暫時感覺良好，卻停留在狹窄的世界裡，只會讓內在的免疫力變得更疲弱，這並不是忘記痛苦的鎮痛劑，也不是治癒痛苦的抗生素，而是讓人上癮的毒藥。

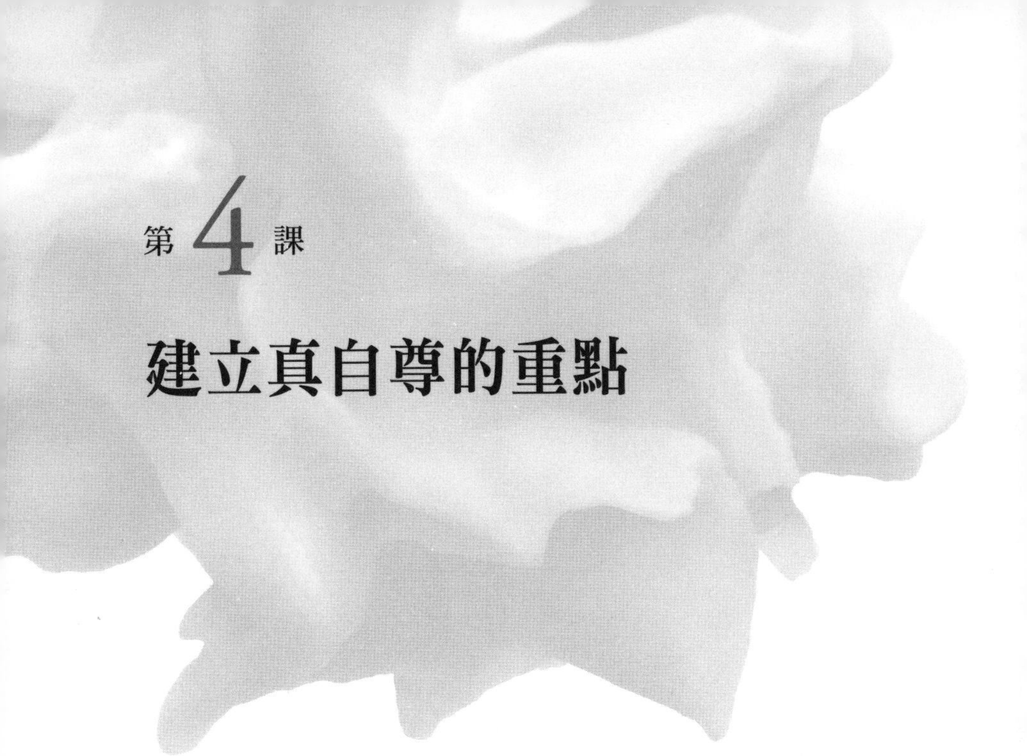

第4課

建立真自尊的重點

所以，今天我也一樣呼吸著，

即使再困難，也依然歌唱著，

即使睡著了，也會再醒過來。

——摘自李海仁《喚醒希望》

1 心智能力——我思，故我在

有些自尊感是假的，有些自尊感是真的，這樣的說法或許有點模稜兩可，但我會這樣說其實是有原因的。有些人會有低自尊的表現，是因為不斷自我貶低；有些人的自尊感來自和別人比較後產生的優越感；也有人的自尊感是建立在「我百分百是對的」信念基礎上，因此無法以客觀的角度看待自己與他人。

然而，自尊感究竟是什麼？自尊感並不是一種情緒狀態，而是思考的能力，它可以說是成為一個自律、自由的人，在生活中所需具備的思考能力。那麼，這項能力包含哪些要素？憑自己的力量培養自尊感，又應該掌握哪些重點？我個人認為有四大要素，分別是「心智能力、正向情緒、道德感與自我調適力」。

首先是心智能力。身為精神科醫師，談論心智的重要性，或許會覺得有點奇怪。因為大部分的人談論的都是理性與感性，而精神科主要處理的是感性範疇。不過，理智、思考、認知等範疇，也是精神醫學科中相當重要的主題，例如，精神醫學科其中一項派別是認知療法（Cognitive therapy，簡稱CT），就是運用認知領域的專業來治療憂鬱症。套句「認知療法之父」亞倫．貝克（Aaron T. Beck）的話：「我們的思考方式會影響我們的感覺。」換句話說，也就是先有思考，才會出現情緒感受。

法國哲學家笛卡兒（René Descartes）的名言「我思故我在」，直接說明了心智的重要性。要提升自尊感，必須具備相當高水平的心智能力。即使遇到不開心的事、陷入負面情緒時，也能以客觀的角度，從理性觀點出發思考。自我覺察能力高的人，就算身處在負面狀況，也能保有守護自己的自尊感。

當我們感受到不舒服的情緒時，如果能改變想法，情緒也會跟著轉變。任何人受到屈辱時，心裡一定不好受，但不能因為難過，就認為自己是沒有價值的人。遇到這樣的狀況時，先思考為什麼對方會做出那樣的舉動？為何自己在當時只能做出那樣的反應？如果能夠把焦點擺在思考這些問題上，自尊感就不會因此受傷。

我們必須把安撫情緒這件事，和自尊感區分開來思考，還有另一個原因是，就算不斷安慰自己「我沒事、我很好」，也很難恢復自尊感。告訴自己沒事，是為了安撫自己的情緒。但我們什麼時候會用「我沒事」來安慰自己？就是當自己覺得很難受的時候。換句話說，當我們安慰自己沒事時，其實是在表示「我一點也不好」。因此，這種自我安慰的方式，並不是遠離負面情緒的理想做法，反而會讓自己更深陷其中。

與其說「我沒事」，不如改成「我沒有不好」，不是自我安慰，而是以客觀的自我評價代替。這樣一來，就會去思考為何會感到不安？自己的情緒是否過度反應？理性評估判斷這麼做是否妥當？當清楚知道自己並沒有哪裡不好或哪裡做錯了，會進一步去探討不安的感受從何而來？應該要如何應對？當一個人具備強大的心智能力時，才能找到理性與感性間的平衡。這就是我所說的，心智發展會影響自尊感。

我很喜歡「我沒有不好」這句話。即使離婚了、預定的升遷延後、受到無禮對待，只要相信自己並沒有不好，就可以保護自己，讓自己免於受傷。與其一直自我安慰說服自己沒事，反而是信任自己的價值，才能修復受傷的自尊感，讓自尊感得以提升。

心智是一種思考的能力，並不代表智商，因為自尊感與IQ沒有任何關係，也與知識多寡無關。我們身邊可能有種號稱是「行動百科全書」的人，他們對某個領域瞭若指掌，甚至連年份都可以倒背如流，對各種知識都有涉獵。他們不斷炫耀自己的博學多聞，想證明自己比別人厲害。遇到有人質疑自己時，因為覺得自己被瞧不起，會馬上採取攻擊模式反擊回去。

但不妨仔細想想，教科書上記載的事實，過了一段時間後，隨著技術的發展，也會跟著改變。像是地動說推翻了天動說、原本被歸類在爬蟲類的恐龍變成了鳥類。我們不可能永遠跟得上一直變化的知識和訊息，因此必須要學會適應和接受各種不同的改變。從許多實驗結果可以看出，當孩子專注投入在未知的事情上，會比著眼於已知的事物上的成就來得更高。

心智一詞，在字典上的解釋是「將覺察到的事物重新統整後，以此為基礎建立新的認知」。具備心智能力，就表示擁有建立新認知的精神動力。

我們在年紀還小的時候，很容易不假思索地接受他人的價值觀，父母和老師傳授的知識對我們而言是很重要的，網路上流傳的真假知識基本上也是照單全收。然而，隨著覺察能力增加，我們會發現每個人說的可能都不一樣，也可能會開始產生直覺式的質疑能力。

在青少年時期開始對父母和社會產生反抗心理，也是件好事。因為經歷這段過程，可以體認到除了父母的想法和價值觀以外，自己也有自己的想法和價值觀，這是成長必經的過程。有智慧的父母，不會把孩子局限在自己的世界裡，他們相信這世界很大，孩子會有自己的一片天。即使沒有得到父母或師長的支持，自己也必須在成為大人的過程中，建立屬於自己的價值觀。覺察力會成為心理獨立的基礎，當一個人能夠獨立思考時，會變得更有創意，想像力也會變得更豐富。

高自尊的人之所以能擁有卓越的成就，也是這個緣故。他們會不斷思考「還有什麼可能性？還有什麼值得探討之處？我的想法有可能改變嗎？」因為他們習慣嘗試以不同的角度分析別人提供的信息，而不是照單全收，也不會直接按照別人說的去做。

當一個人心智夠強大時，除了可以客觀地評估狀況，也能培養心理分離的能力。舉例來說，假設今天我被主管罵了，雖然我也有做錯的地方，但以常理來看，正常應該罵五分鐘左右就差不多了，如果主管卻罵了一個多小時，不應該覺得主管很可怕，而是會覺得他很奇怪。雖然心情會很糟，但不會因為這件事感到受傷，也不會陷入自責的情緒，就是擁有把自己的錯誤和主管的狀態分開來看的能力。

批判性思考對提升心智能力也很重要，尤其對藝術創作者來說，更需要具備這種能力。不過，不要誤解了批判性思考的意思。很多人以為批判性思考就是挑錯誤，把矛頭指向對方，向對方興師問罪。但批判性思考其實是要我們嘗試從不同的面向去看待事情，而不是拼命找出問題點究責。

最近的小學生們，經常在課堂上舉辦辯論活動，但許多老師在進行課程設計時，是以正反兩方的論述立場進行辯論活動。身為小學生家長的我，時常忍不住想這是真正的辯論嗎？用這樣的方式辯論，會讓人誤以為別人對自己提出批判意見時，就是在攻擊自己。高自尊的人當然不會以單方面的角度思考，也不會採取二分法的方式思考，而是會從各種不同的面向切入，從多方面思考，才能讓自己保持開放的心態。

在精神醫學科裡評估患者是否適合進行精神分析，必須看這個人是否擁有心理覺察（psychological mindedness）。雖然做完精神分析後，會讓心智能力獲得提升，但如果希望過程進行得更順利，建議保持開放的心態。當一個人能從各種不同面向思考，也必定具有自我覺察的心理意識。由此可見，心理覺察與心智力有著密切的關聯性。

當患者需要建立心理覺察時，精神科醫師除了從心理學角度出發，也必須秉持開放態度，從文化、社會等各種面向切入，進行全方位的思考。因為醫生並不是無所不知，不能不懂裝懂。要先接受自己也有不知道的事情，並努力做功課。例如，如果來訪的患者是被領養的孩子或養父母，應該事先尋找相關資料。倘若找不到適合的資料，也可以加入討論領養話題的社團或平臺，試著去理解貼近他們的內心世界。

遇到試圖自殺的性少數者患者來訪時，為了理解他們，我會去找類似案例的研究資料研讀。如果真的碰到不懂的事情，我也會直接詢問。

「我可以問跟性少數者有關的問題嗎？我碰到的性少數者中，許多人聲稱自己是無性戀者，但為什麼在酷兒派對上會出現誇張的性表演呢？」

我敢問這樣的問題，之所以不會讓對方覺得被冒犯，首先是因為對方可以感受到我在提問之前，已經研讀過相關資料，也確實是對這件事情感到不解才會提問。問題本身不帶任何偏見，也沒有特定的立場或評價。

倘若只是一再強調「我理解你的心情」、「我沒有任何偏見」，用這樣的方式和性少數患者溝通，或許反而會讓他們更反感。我認為唯有承認自己不知道的事情，努力做功課嘗試理解，才能讓他們願意說出自己的困擾，建立起信任的諮商關係。

觀察憂鬱症患者認知扭曲的過程，對於理解心智如何影響自尊感也有所幫助，以下是憂鬱症患者身上常見的典型認知扭曲症狀：

- 任意推論：毫無任何證據，或根據相反事實任意對事件下結論。
- 選擇性偏差推論：把焦點擺在自己的負面思考上。
- 過度類化：根據微不足道的經驗或事件做出廣泛性推論，即使是毫不相關的情況，也採用以偏概全的方式解讀。
- 誇大與貶低：嚴重扭曲及過度評價某事件的重要性或程度。
- 個人化：認為一切外在事件都與自己有關，對於負面事件承擔過多的責任。
- 非黑即白、二分法思考：認為所有事情不是好就是壞，對事物的看法兩極化。

「導正認知扭曲能夠治癒憂鬱症」，這是認知行為治療的基本主張。雖然並不是單靠認知治療，就能治癒精神疾病，但提升心智能力，的確有助於降低認知扭曲發生的機率。

在建立自尊感的要素中，心智佔據重要地位的另一項原因，是因為心智活動帶來的樂趣。法國學者羅傑．凱洛斯（Roger Caillois）曾指出「遊戲」是理解人性的關鍵核心，遊戲在心智啟發和認知發展上扮演了重要角色。簡單來說，在玩遊戲時，沒有人會去計較玩遊戲時是否有生產力，或是誰比誰厲害——遊戲的目的單純只是娛樂。

閱讀各領域的書籍、與人進行公開討論，做這些事並非只是為了自我成長或學習知識。提升心智的活動，就像遊戲一樣有趣，因此也產生了所謂的心智遊戲（Mind Games）。擁有穩健高自尊的人，不一定是名人、富人或高學歷份子，而是能和自己玩心智遊戲的人。我所說的鍛鍊心智能力，並不是要我們去閱讀艱深的書籍，或是鑽研博大精深的文化，而是能不受他人評價影響，真實感受到自我存在的價值，這才是擁有真正的自尊感。

羅傑・凱洛斯曾提出一項關於遊戲的重要觀點，就是遊戲能讓人感受到平等。遊戲的目的不是賣弄炫耀知識，而是感受遊戲本身的樂趣，因此在任何人面前都不會陷入自卑情結。因為遊戲時，重點是去領會詮釋世界的樂趣，無論與誰交談互動，都能感受到平等與自由。

實際上我在門診碰到的患者，原本有些是低自尊的人，之所以後來能提升自尊感，通常是因為他們開始懂得運用自己的心智能力，並從中獲得自信心。尤其是像在韓國這種以學歷評斷一個人知識水平的社會中，很難藉由其他方式讓自己提升自尊感。因此，對於現代的我們來說，體認到學歷並不等於心智能力，是非常重要的觀點。

起初，去美術館時我覺得很不自在，但去了第二次之後，我漸漸懂得欣賞畫作，現在也開始學畫畫。自從開始學畫畫後，更樂於欣賞各種藝術創作，我也試著把自己的畫作上傳到Instagram。我主要是畫人物插畫，因為要畫人物的服裝、配件和穿搭，於是也開始學習流行穿搭的知識。在那之後，當媽媽對我的髮型、妝容、服裝搭配有意見時，我比較不會因此感到有壓力。以前只要媽媽對我的穿搭提出任何意見，我都會乖乖聽話照做，但現在不會了，我想是因為我清楚知道，我也有屬於我自己的風格。

之所以強調自尊感就是心智力量，是因為我們想要獲得幸福，最終仍須仰賴自我價值來守護自己的生活。名牌包包、昂貴名車、大坪數公寓、名校學歷、完美父母、高收入工作、出眾的外表……這世界上絕對沒有人可以擁有一切，自我價值絕非來自這些事物，自尊感低落也並不是因為沒有這些東西，而是必須要知道自己的價值是什麼。如果可以更進一步透過言語表達自我價值，並能用文字敘述出來，會讓自己的個人色彩變得更獨特、鮮明。閱讀優秀作家寫出來的文字時，感覺像是做完心理諮商一樣獲得療癒，正是因為心智獨特的力量，具有強大的影響力。

能夠區分真正的自尊和偽裝的自尊，

意味著心智能力的提升，

因為自尊感不是情緒狀態，而是思考的能力。

2 正向情緒——減緩負面情緒的解方

第二項要素是正向情緒。自尊感可以說是感受正向情緒的能力。我之所以不說「自尊感就是正向情緒」是有原因的，因為這麼說會讓人誤以為負向情緒沒有存在的必要。

正向情緒從字面上的意思來看，代表滿足、喜悅、正義、公平、體諒和崇高，是指可以讓人們感受到幸福的各種情緒。而負向情緒則是會讓人們感到不安的情緒，像是自責、遺憾、埋怨、不滿、不理性、憤怒、焦慮等。

多多累積正向經驗或正向情緒體驗，自然能提升自尊感。但奇怪的是，人們似乎更喜歡關注負向經驗或負向情緒。曾經有某個只發布好消息的新聞網站，網站上看不見任何殘忍、荒誕的負面新聞，只有鼓舞人心的正面新聞，內容都是光看就會令人感到開心的故事、照片、影片，但沒多久網站就倒閉了，因為網站瀏覽人次太低，根本沒有人要看。提起莎士比亞，大家想起的多是四大悲劇，卻很少有人提到喜劇，也是一樣的道理。

讓人邊看邊罵的狗血劇，為什麼劇情越狗血，人們越愛看？身世之謎、富家子弟、三角關係，這種程度的劇情現在已經不算什麼，突如其來的暴斃身亡、意外交通事故，連鬼怪和鬼魂的劇本設定也跟著出現，這類型的連續劇特別受到觀眾喜愛。這跟我們的生活也很像，和另一半吵架後，過去曾經擁有過的那些美好日子，頓時全拋諸腦後；不記得媽媽幫我們慶生的幸福回憶，頂嘴後被打的事情，卻一輩子烙印在心裡。

兒童心理專家曾說過：「努力對孩子好十次，還不如忍住一次不對孩子發火。」這句話的意思，也意味著當孩子內心一旦受傷了，至少要有十次正向經驗，傷口才能逐漸被淡忘。我們要記得的是，想要擺脫降低自尊感的負向經驗和負面情緒，必須要有意識地努力讓自己累積正向經驗和正向情緒。

要治療恐慌症這類疾病，累積正向情緒體驗也是很有效的方法。

熙真高中畢業後，和在服飾店上班認識的姐姐，決定合夥創業開店。除了網路商城，她們也開了一間實體店面，常到東大門批貨，認真經營生意。但後來無意間得知一起開店的姐姐私吞店內營收，她想和姊姊拆夥，不再和她合作。過程中，兩人當然也發生過許多衝突，最後那位姐姐捲款潛逃，她只好上警局報案。

刑事訴訟、店面倒閉，再加上被信任的人背叛，接踵而來的打擊讓熙真倍感壓力，經常會突然喘不過氣來。到醫院就醫後，她被診斷出患有適應障礙和恐慌症。持續接受治療後，雖然症狀好轉許多，但熙真之所以會好轉，最主要是因為她自己很積極主動。

把服飾店收起來後，她到朋友開的美甲店上班。出乎意料的是，她很有天賦，很快就學會美甲，手藝也很好。沒多久就有自己的熟客，薪水也不錯。最重要的是，她從店長身上學會了很多東西。她看到店長對待客人很親切，但遇到不講理的客人時，也會果斷拒絕。而且店長很會鼓勵她，總是耐心指導她，這也讓熙真重新燃起了創業開店的念頭，想擁有一間屬於自己的店面。

這時候，也剛好遇到老客戶無法繼續養狗，於是她把客戶的狗帶回家養。下班時帶狗狗去散步，照顧狗狗這件事讓她感到很幸福。手藝很巧的熙真，甚至還自己幫狗狗美容。朋友看到之後，也拜託她幫忙自己家的小狗做寵物美容。現在的她，除了平日在店裡上班，假日有空也會到流浪狗之家當義工。

現在完全不會想起和我合夥的那位姐姐。以前一天總會想起好幾次，每次想到都很難過生氣，也會陷入自責。總覺得心裡悶悶的，一股氣憋在心裡好像喘不過氣來，甚至還因此得了恐慌症。警察打電話來，也只說目前還在進行調查中。雖然現在錢還沒拿回來，也可能拿不回來，但我認為這是人生中很棒的一次經驗，就當成是繳了五百萬的人生學費吧！不管怎樣，工作時不會再胡思亂想感覺真的很棒，我也從來不知道原來自己手這麼巧，可以做的事情這麼多，覺得很開心。而且可以買東西送到流浪狗動物協會，幫助流浪狗，感到很踏實幸福。

因恐慌症初次到診所就醫的患者們，大多都像熙真這樣，在第一次恐慌症發作時，經歷瀕死的可怕經驗和感受，飽受恐慌症所苦。即使努力想要轉念，但念頭還是一直在腦海盤旋，上網查詢跟恐慌症有關的資訊，翻閱相關書籍，也依舊無法完全擺脫恐慌症的症狀。事實上，許多人一開始會恐慌症發作，是因為想起了過去內心的創傷事件。像是和交往很久的伴侶分手、代替父母扶養自己長大的奶奶過世等，主要和失去某些東西或極大的心理壓力有關。透過藥物治療，讓症狀好轉當然也很重要，不過如果能有意識地主動創造正向經驗，專注在日常生活上，也可能不藥而癒。恐慌症絕對不能輕忽，患有恐慌症的患者，最好的處方藥之一，就是**培養正向情緒**。累積正向情緒可以減緩負面情緒，並能讓內心力變得更強大。

在這裡，我想強調的是，要培養正向經驗和正向情緒，必須具備信任他人的能力。如果將「信任自己」錯誤地理解為「只有自己可以相信」，到最後陷入「別人終究會離開」的消極想法，反而不利於正向經驗和正向情緒的發展。

在《親密陌生人》❶這部電影裡，隱約傳達了就連應該要互信互愛的夫妻關係，也不能相信的訊息。在人生中，信任和背叛是同時並存的，熙真也是被自己信任的人背叛而深受創傷。如果她因為曾經的傷害，從此內心築起高牆，在後來遇到對她賞識有加的店長時，依舊抱著「這個人對我這麼好，是不是想騙我？」的懷疑心態，不僅無法恢復自尊感，更不可能提升自尊感。有一種說法叫「失控的正向思考」，這項概念的出現是為了批評把社會的不合理，歸咎於「個人不夠積極努力」的社會風氣。然而，避免讓自己遭遇不合理對待，和善用正向經驗和正向情緒充實自己的生活，是截然不同的兩件事。

尤其是面對習慣性的負面經驗和負面情緒時，只有靠正向經驗和正向情緒才能化解。

查爾斯．杜希格（Charles Duhigg）《為什麼我們這樣生活，那樣工作？》（*The Power of Habit: Why We Do What We Do in Life and Business*）也提出了類似的觀點。作者很喜歡吃巧克力餅乾，體重因此持續上升，甚至危害健康，儘管他很努力想要戒掉巧克力餅乾，但就是戒不掉。於是，他開始仔細觀察自己的行為模式，他發現自己固定在下午三點至三點半，這段期間會特別想吃巧克力餅乾，這個時間點就是一種提示訊號。同時，他也發現自己一定會跑到公司的咖啡廳買餅乾來吃，他喜歡在那裡和同事聊天，和同事聊天對他來說是一種獎賞。因此，在那之後，每到三點半，他會起身找同事聊天十分鐘後，再回到座位上。提示和獎賞不變，但「和同事聊天」取代了「吃巧克力餅乾」的慣性行為。要戒除壞習慣，最好的方式就是創造好習慣。

我們明明知道在關係中經歷的負面經驗和負面情緒，會讓我們的自尊感受創，理應結束這段關係。然而，要結束一段關係，是非常困難的事。就像父母老是喜歡拿自己和其他

❶《親密的陌生人》（*Intimate Strangers*）為二〇一八年上映的電影，由南韓導演李在奎執導，改編自著名義大利電影《完美陌生人》（*Perfetti sconosciuti*）。

兄弟姊妹比較，雖然會讓人感到很痛苦，但如果因此不再和父母見面，自己也會失去對家庭的歸屬感。此時，就必須多多創造讓自己可以感受到歸屬感的正向經驗。

原以為和先生離婚後，從此就能過著幸福快樂的日子，沒想到卻一點也不幸福，反而很難過。只有想到之後不用再被老公煩，心情稍微輕鬆一點而已。

秀貞因為家境困難，很早就出社會工作。為了擺脫老是跟她要錢的娘家父母，二十歲出頭就步入婚姻。先生很愛她，原以為跟這樣的男人結婚會幸福。但結了婚、成為家庭主婦後，每次要用錢都得經過先生同意，刷卡的帳單明細會直接傳到先生手機。因此她就連和朋友去咖啡廳喝杯咖啡，也會接到先生的電話，念她為什麼要亂花錢。但即使和先生離婚，她的人生依舊過得不幸福。為什麼明明不用再聽先生碎念了，卻還是無法感到幸福？

像這樣的狀況很常見，好不容易辭職擺脫愛找碴的主管，跳槽到另一間公司，卻還是開心不起來，找不到工作的樂趣。這都是因為正向情緒的經驗太少，如果沒有增加正向情緒的經驗，即使擺脫負面狀況，也很難恢復自尊感。

3 道德感

——堅守道德原則，不受他人影響

第三項要素是道德感。你一定很訝異，為何自尊感與道德感有關？可能會心想，這該不會又是老掉牙的童話故事，勸善懲惡的老生常談吧？尤其是認為自尊感就是「以自我為中心」的人，更是難以理解，不做壞事，到底跟自尊感有什麼關係？所謂的自尊感，其實就是擁有自己的道德原則。自尊感來自於重視自己的價值，但道德感薄弱的人，也會覺得自己是很差勁的人。

透過非法途徑賺錢和從別人身上榨取利益的人，也會擔心自己可能哪天遭人陷害，或是認為世界上大多數的人，都跟自己一樣卑鄙。

即使自己擁有道德修養，和沒有道德感的人在一起，也很容易陷入自尊感低落的狀態。例如另一半或主管是不道德的人，會對自己得和這樣的人相處感到可悲。一旦得出結論是因為自己不夠好，才必須維持這種關係，就會讓自我價值感和自我效能感降低。

最近大家對黑心企業特別反感，也和這種現象有關。因為對重視自尊感的現代人而言，購買黑心企業商品或在黑心企業上班，是有損自尊感的事。

偶爾我會遇到一些公司老闆，有些人主張：「公司只要發得出薪水就好，遵守道德原則有什麼用？老老實實做生意，到最後賺不到錢、發不出薪水，反而更糟糕。」這樣的公司裡，即使找到優秀的人才，人才也會不斷流失，只剩下跟老闆一樣不老實的人留在公司裡，只有老闆或主管不知道而已。

誠如前面所述，自尊感並不是功名成就時所需的能力，而是面對困難時必備的能力。當一間企業或個人堅守道德原則時，也會擁有強大的力量去克服困難，因為道德與責任感是密切相關的。道德並不只是不說謊、不欺騙別人，它還包括了公正、崇高、共同理念、同理心等價值觀在內。低道德感的人，缺乏利他觀念；缺乏利他觀念的人，不僅不懂得尊重他人，也不懂得尊重自己。

我有時候也會碰到和有婦之夫交往，深陷在痛苦中的女性患者。為什麼她們會陷入痛苦中呢？因為她們無法相信眼前的男人真心愛著自己，也擔心他會像欺騙妻子一樣欺騙自己。最令她們難受的是——身為第三者，讓她們覺得自己很卑微。

道德感問題也和歸屬感有關。我們和家人朋友聊天時，如果一直有所保留，隱藏自己不為人知的事情，會導致歸屬感低落。另一方面，也會因為擔憂自己的謊言被拆穿，過著擔心受怕的生活。一個有道德感的人，可以依照自己的想法和意志，決定自己的人生；但低道德感的人，總是害怕被別人抓到弱點，等於是把自己的人生交給別人決定。

當然，也有許多人會合理化自己的行為，藉此逃避內心的不安。倘若過度的自我合理化，甚至絲毫不覺得自己會做錯任何事。尤其我們常常可以看到，越是知名社會人士做錯事情時，越是容易出現這樣的傾向。明明做出了一般人眼中無法理解的事情，卻不斷用「我會這樣做是有理由」的說法，來合理化自己的錯誤，這表示他們已經失去了客觀判斷自己行為的能力。

雖然過這樣的生活是出於個人的選擇，但一般人無法抱著這種不安過日子。相反地，可能也有人會故意用道德綁架別人，他們這麼做是為了攻擊和脅迫別人，道德只是達成這項目的的手段。即使對抗不正當的手段時，也必須堅守自己的道德原則，這樣事後才能坦率地道歉。

基本上，人們喜歡道德高尚的人，原因很簡單。因為生活在有道德規範的社會中，會讓人感到安心。有道德感的人，不會搶奪別人的機會，也不會貪圖別人的財產。反之，生活在一個沒有道德感的社會，會讓人內心充滿了不安。在講究道德倫理的社會中，比較不會發生損害個人自尊感的事；身處在不道德的社會中，則會降低個人的自尊感。儘管如此，道德原則應該要由自己決定，不該受他人或社會道德觀影響。

納撒尼爾提到的形成自尊感兩大要素——自我價值和自我效能中，道德感對自我價值有直接的影響性。假設一名虔誠的基督教徒是同性戀者，如果他以基督教的道德觀來看待自己，自我價值感一定很低。我希望大家保有自己的道德觀，不要被基督教的道德觀念影響，傷害與自己性別認同有衝突的人。

建立自己的道德標準，並堅守道德原則的人，會重視自己的價值。他們會清楚意識到自己的人生目標和方向，無論在任何人面前也不會感到自卑。

擁有心理分離的能力，對自尊感的形成很重要。人類心理素質強大的關鍵要素之一，正是道德感。如果一個人能夠自己判斷是非對錯，並保有不傷害別人的道德感，就能擺脫父母強加在自己身上的價值觀。

此外，道德感也會提升自我約束力和執行力。看到有人被欺負時，可以選擇假裝沒看見，也可以直接走掉，或是去報警、找救兵等，我們必須面臨抉擇並採取行動。這時候，如果一個人的道德感越高，越能做出合理判斷，並且會對自己的行為負責任，同理心和執行力也會變強。

韓國EBS教育電視臺和首爾大學曾以三百名小學生為對象，進行道德感的相關研究。根據研究結果指出，道德指數高的孩子，專注力較高，攻擊傾向偏低，擁有積極正向的人生觀，同時耐挫力也更好。反之，道德指數低的孩子，偏執的程度不亞於大人，對任何事情提不起勁，抱持著悲觀心態。由此可見，道德價值觀會直接影響生活的積極度，也和自尊感密切相關。

所謂的自尊感，

就是擁有自己的道德原則。

低道德感的人，

不僅不懂尊重他人，也不懂得尊重自己。

4 自我調適力

——身處黑暗之中，也能看見光芒

最後一項要素是自我調適力（self regulation），近似意志力、心理韌性、恆毅力的概念。具備這項要素能讓心智、正向情緒、道德感，得以發揮功用。

舉一個最簡單的例子，知名的棉花糖實驗❷（Stanford Marshmallow Experiment）結果指出，能忍住不吃棉花糖的孩子，長大後的成就更高。一九六六年發表的實驗結果，引起許多人們的關注，這套理論也在教育界和心理學界占據重要地位。然而，根據二〇一八年的研究結果發現，忍住不吃棉花糖的孩子，跟他們十年、二十年後的成就高低並無直接

❷ 史丹福棉花糖實驗（Stanford Marshmallow Experiment）是一九六、七〇年代，史丹福大學沃爾特・米歇爾（Walter Mischel）博士在幼兒園進行的一系列經典心理學實驗。

關係，在課業成績、人際關係等方面，也看不出任何關聯性。

比起這項實驗的正確與否，我更在意的是，人們接受這套論述後呈現的心理狀態。明明很想做卻要忍住不做，對自我調適力而言，是困難度相當高的一件事。具備能夠成功忍耐痛苦的經驗，克服困難的能力也會比較高，這項觀點明顯具有說服力。

自我調適力，並不是指克制自己的欲望，或是勉強自己做不喜歡的事情，而是無論在任何情況下，都能展現自己的意志力。正如同我前面所提，自我調適力是類似心理韌性或恆毅力這樣的概念。

「我控制不了我自己。」我經常聽到許多來門診就醫的患者將這句話掛在嘴邊。當人們認為無法控制自己的情緒和行為時，自尊感也會跟著降低。自我調適力是自尊感運作的關鍵階段，它做為前面提到的心智能力、道德感、正向情緒這幾項要素的後盾，使其發揮作用。

自我調適力是具有主動解決問題的能力，是可以和想要控制自己的父母保持距離的能力，同時也是可以拒絕誘惑的能力，舉例來說，即使被再有魅力的人誘惑，也能對伴侶保持忠誠。

當我們專注於「成就」和「優點」時，有助於提升自我調適力。

賢貞從小就很喜歡畫畫，也得過好幾次畫畫比賽的名次。由於家境清寒，她從來沒有上過美術補習班。父母認為學藝術賺不到錢，於是她聽從父母建議，選擇念物理治療系。讀大學時，一直逼自己念不喜歡的科目。即使她大學畢業後，考上物理治療師並在醫院工作，依舊過得不幸福。

儘管父母再三反對，她毅然決然放棄物理治療師的工作，用工作存到的錢準備重考，一年後如願考上漫畫系。由於家裡經濟困難，她靠獎學金、打工賺取學費和生活費。之後，和網路漫畫平臺正式簽約，成為一名網路漫畫家。雖然她現在一天的工作時間，比當物理治療師時更久，她卻甘之如飴。即使偶爾看到讀者的負面留言會很難過，但也能鼓起勇氣勇敢面對。就算身處在困境中，也不會讓自尊感變低落。過去這幾年的困頓經驗，讓她擁有強大的自我調適能力。

擁有強大自我調適力的人，能妥善處理別人眼中棘手的狀況。即使再糟糕的情況，他們終究還是選擇面對克服。很顯然地，我們會很敬重這樣的人，就算不會直接稱讚，也會用尊重的態度對待他們。

獲得別人的尊重，對提升自尊感有很大的影響。如果不希望被別人任意對待，自己必須先成為無法讓別人任意對待的人。然而，這不是開賓士或拿香奈兒包就能解決的問題，也不是對別人採取攻擊性的態度，或是擺出高高在上、不可一世的姿態就好。如果我能讓身旁的家人朋友，感受到我是「可以獨立解決問題」的人，他們對待我的態度自然也會跟著改變。

關鍵在於自我調適力。為什麼我們很自然地會敬重那些運動選手們？一部分的原因也許是看到他們奪得獎牌令人雀躍，見到他們拼命努力的樣子令人感動，但即使是沒有拿到獎牌的選手，也能獲得人們的尊重，正是因為我們對他們展現出來的自我調適力感到敬佩——他們無論遇到任何狀況，都懂得調整自己的心態。

有人說，相較於順境，逆境時更需要自尊感。而自我調適力，就是面對逆境所需具備的能力。任何人遇到挫折時，或許會感到沮喪、焦慮和無力，但克服困難別無他法，就是要相信自己的自我調適力。

我認為自尊感，是能讓我們在黑暗中睜開眼睛醒過來的光芒，就像點亮屬於自己的那盞生命之燈。「心智能力、正向情緒、道德感和自我調適力」這四項要素之所以重要，因為這是建構自我意識的基礎。妥善運用這四項要素，可以建立自尊感。

那麼，要如何滿足這些要素？要透過哪些步驟來建立呢？

第 5 課

如何提升自尊感？

光憑瞥見翠綠色，

就說「看見了森林的春天」，

是不夠的。

——摘自約翰．莫菲特（John Moffitt）《若欲知曉》

1 提升自尊感的五個階段

當我們的自我核心價值豐富時，自然會創造出屬於自己的個人特色。自我核心價值決定了自尊感的寬度，個人特色則決定了自尊感的深度。低自尊的人，最明顯的特徵是自我核心價值薄弱。

小時候被父親打巴掌和遭受父親鄙視，是珠英童年時期絕大部分的回憶。直到現在，珠英仍無法正視父親，只要站在父親面前，就會不由自主地感到畏懼，導致她在公司被老闆責罵時，也會覺得自己很渺小，彷彿失去了一部分的自己。

大部分的時候，我的自我意識與身體感受是一致的，但一遇到衝突狀況發生，自我意識與身體感受會突然分裂。我會站在第三者的角度，默默觀察自己的身體變化。

為了保護自己，他們啟動了分裂狀態的防禦機制。越是低自尊的人，他們的自我核心價值裡沒有現在或未來，只有過去。即使活在當下此時此刻，也會瞬間回到過去，陷入過往的回憶。問他們「今年有什麼計畫？」時，他們會一句話也答不出來，連自己喜歡什麼也不知道。為了在險惡的世界生存下去，珠英變成了「看臉色高手」。學會看人臉色，是她的生存之道。

這類人總是不斷察言觀色，如果看到別人露出不開心的表情，會下意識認為是自己的問題，久而久之習慣看人臉色做事。

> 我覺得當爸爸需要豐富的經驗，而我一點經驗也沒有。就連露營和去兒童樂園玩，也都是我出社會上班後才第一次體驗。我不知道要怎麼照顧小孩，很害怕結婚。就算結婚，也沒有人教我如何當爸爸、當老公。

我的一位男性患者曾如此說道，這話聽起來像是在說自己沒有資格為人父母。因為當一個人自我核心價值低落時，會覺得自己什麼也辦不到。如果因此陷入過去的迴圈，被負面的思想佔據，就難以提升自尊感。老想著不好的事情，會衍生出扭曲的價值觀，當自我核心價值被負面事物填滿，內心會變得很混亂，腦海裡充滿了各種複雜的念頭。

這樣的人容易想很多，又因為想太多總覺得很累。在平常生活中無法感受到別人的善意，總認為別人對自己好，一定是另有企圖。

和朋友聚會完回到家，會一直檢討自己今天有沒有做錯什麼事情；如果有人從身旁經過，稍微撞到自己，就開始鑽牛角尖想對方是不是故意的；看到部長眉頭深鎖的表情，就覺得部長一定是不滿意自己昨天提交的企畫案；想到昨晚朋友在別人面前說自己的不是，心情很糟糕，整天都在想明天是不是要找朋友當面說清楚，還是就這樣算了，在心中不斷糾結著；看到前男（女）友的動態消息更新，心裡很不是滋味，一整天悶悶不樂，即使朋友都建議封鎖對方、眼不見為淨就好，卻還是做不到……

自尊感低落的人，會因為自己負面的個性或習慣飽受煎熬。當然，他們自己也很努力想改掉不好的習慣，但問題在於他們的出發點並不是正面理由，而是出於負面理由——不是為了成為「更好的自己」，而是因為討厭「不好的自己」，才想做出改變。無法正面接納自己，會讓自己一直處於負面狀態。

就像前面提到的，比起正面情緒，人們更容易陷在負面經驗和負面情緒裡，一旦感受到負面情緒時，就會陷在其中難以自拔。相反的，正面經驗和正面情緒則有助於清空我們的想法和感受。當我們心情愉悅時，自然會產生動力想要嘗試挑戰新的事物。大家都有類似的經驗吧？我們心情好的時候，會心想：「該試試什麼好呢？」但心情低落時，就算是必須要做的事情，也提不起勁去做，只一味糾結在負面的情緒中，把自己困在過去，戴著扭曲的濾鏡看世界。

扭曲的濾鏡，需要運用常理認知（common sense）進行修正。首先要做的，是和負面事物保持距離，像是對自己輕蔑的朋友，或是競爭激烈的職場環境，我們必須與這些人事物保持適當的心理距離。市面上許多心理學書籍都提到了保持心理距離的方法，建立好心理距離後，接下來就要創造自律、正向的自我核心價值。

事實上，缺乏自我核心價值的人，很難和負面事物維持心理距離。為什麼有些人即使讀完心理學書籍，下定決心要改變，但隔天早上上班時，同樣的問題又再次上演。要怎樣才能擺脫一再重複的惡性循環呢？以下將分成五個階段一一介紹。

低自尊的人，

最明顯的特徵是自我核心價值薄弱。

倘若自我核心價值薄弱或太過負面，

很容易被過去困住，裹足不前。

2 第一階段：增進正向情緒體驗

——懂得自得其樂

首先是增進正向情緒體驗。最好的方法，就是體驗「無私」的生活方式。在前面章節中曾提到，與他人的關係裡存有「不求回報的善意」，是非常重要的事情。懂得放下自己，能夠體驗無私的生活和不求回報的善意，這樣的人通常自尊感很高，相反地，對生活中充斥著算計、競爭的人而言，很難累積這樣的經驗。

並不是付出多少，就能獲得多少的「施與受」，而是去真切感受自己在這個世界上的存在。旅行的好處之一，正是因為藉由旅行，最容易體會到無私的關係互動。這裡的旅行並不是為了觀光、休息或購物，也不是拍美照上傳到社群平臺，而是全然地融入在此時此地，體驗到身心自由的感受。

我在印度旅行時，在印度新德里背包客的大本營帕哈甘吉區（Pahargani），遇到來自世界各地的背包客。在那裡，有一個很奇特的不成文規定，彼此不會問對方來自哪裡、從事什麼工作。因為大家忙著分享旅行的趣事、去過哪些好玩的地方、發生了什麼事情。

和這些旅行者們相聚雖然只有短短幾天，但彼此毫無保留的分享，給我留下了很美好的經驗。就連害羞內向的我，也第一次在結束旅行時，主動把無法兌換的零錢和多餘的食物，跟其他不認識的旅伴們分享。像這樣，和沒有任何利害關係的人互相無私的交流分享，讓旅行不只是一趟旅行。

幾年前，我去爬了俗離山（Songnisan），是我這輩子爬過最高的一座山。抵達海拔超過一千公尺的文藏臺（Munjangdae）後，望著壯麗的山巒風景，令我讚嘆不已。但我再也沒去過第二次。體力向來很差的我，那次是被老公騙了才會傻傻地跟去。登山的過程中，真的痛苦到很想死，好幾次想要放棄。我最後之所以能夠成功攻頂，比起老公的鼓勵，路過陌生人對我的鼓舞，影響更大。每一位下山的旅客，看到我氣喘吁吁地問距離山頂還有多久，紛紛熱情地回應著：「加油！快到了！」「再一下下就到了！」然而事實上，根本就沒有快到了，還要再走好一段路才會到。大家會這麼說，是不希望我放棄。反過來，到我下山時，遇到上山的登山客問我：「還有多久才會到？」我也一樣用「善意的謊言」回應。這是多美的畫面啊！為了幫不認識的陌生人打氣，用善意的謊言替對方加油，這就是不求回報的善意。我想，大家遇到同樣的狀況，碰到體力不好的登山客時，也一定會替他們加油打氣，而不是拼命勸退對方。

相較於結伴旅行，一個人的旅行更容易與人建立無私的互動關係。和認識的人旅行，到最後聊的大多是閒話家常，只是換個地方聊天而已。我的一名患者慧英，也曾和我分享她第一次出國旅行的經歷。

我在那裡遇到了許多來衝浪的年輕人，我很好奇要怎樣才能取得衝浪教練證照，那天晚上在青年旅舍遇到衝浪同好，他們告訴我到東南亞考衝浪教練證照更便宜，而且更容易考到，還花了不少時間，跟我分享詳細做法。他們當中有些人也是在歐洲旅行時，在青年旅舍裡認識的同好。我有生以來第一次體驗到這種經歷，受到素昧平生的人幫忙，並無私地和我分享他們的經驗，覺得很神奇。

累積許多正向經驗的人，他們會正面解讀別人說的話或行為。他們的態度也會對身邊的人帶來正面影響。在還沒跟老公結婚前，我們曾開車去旅行。行經東海岸時，路過一間鄉下雜貨店，便停下來休息。我們在店裡遇到一位駝背的老奶奶，她一看到老公劈頭就問：「混種的？」（你是混血兒嗎？）在我還沒意會過來老奶奶的話是什麼意思時，反應很快的老公笑著回答說：「對啊！」

「是爸爸那邊？還是媽媽那邊？」（爸爸還是媽媽是外國人？）

「是爸爸那邊。」

「那一定吃了不少苦頭吧。」（源自於對混血兒的偏見）

我老公的眼睛是灰黃色，我第一次遇到老公時，也覺得很特別。然而，其實我公婆都是韓國人，但老公除了眼珠子的顏色特別，外表完全是典型的韓國人長相。雖然老奶奶從頭到尾只說了三句話，但如果老公的確是參與韓戰的美軍父親和韓國母親生出來的混血兒，奶奶的話語想必能給他莫大的安慰。

這段對話之所以能夠開啟，最主要是因為老公懂得從善意的角度去理解對方。假如他一開始聽到老奶奶的第一句話「混種的？」，就在腦海裡跑出一連串負面劇本：「為什麼要問這種問題？歧視我長得不像韓國人嗎？她又想說什麼難聽的話了？」這段對話絕對無法延續下去。

因為老公的旅遊經驗豐富，是適應能力很強的人，也是自尊感高的人。想必他一定曾經因為自己的外貌，遇到不少類似的事情，但比起不好的經驗，在他的記憶裡更多的是美好的正向經驗，因此才會從老奶奶的話裡，聽出她其實只是想要「安慰有著辛苦身世的人」。

我和許多患者聊完後，發現大多數低自尊的人，很少記得自己有過多少正面經驗。慧英告訴我，第一次碰到陌生人無私地和她分享時，那一刻她覺得自己心裡堵住的地方，好像被打開了。雖然她過去因為功課不好老是被母親刁難、在職場上被同事排擠，因此飽受痛苦，赫然發現：「原來我的人生不只有壞事！」她彷彿在黑暗中重見光明，忍不住問我：「關係中真的存在著無私的互動嗎？」因為這是慧英第一次體驗到自己的感受被正向事物填滿。但另一方面，和慧英一樣低自尊的琇瑩，卻是如此說道：

我從來沒有過這類經驗，但就算有，我也不會把它當成正向經驗看待。我或許曾經碰過類似的情形，但腦海裡總是會冒出：「對方是不是有什麼企圖？」「我是不是也該做點什麼？」「為什麼要那樣做？」諸如此類的想法。

經常體驗無私的關係互動，就像別人拿著尊重的鏡子照著自己。被排擠的人要獲得療癒的唯一方法，就是與別人建立「無私」的關係。遭遇到排擠這種負面的事情，即使自我安慰、修改記憶也毫無助益，而是必須累積足夠的正向經驗。高自尊的人深知這個道理，因此會盡可能地讓自己處在能夠累積正向情緒體驗的環境。

偶爾我會抽空前往印度某間小學替當地的孩子們治療，有時也會替陪同孩子前來的母親治療。並且我認為「頭痛醫頭、腳痛醫腳」的做法，無法解決當地的根本問題，因此我甚至還協助更新下水道設施。原本很宅的我，在與人的關係裡逐步累積善意的互動經驗，帶給我滿滿的能量，讓我有動力可以繼續參與這些活動。

假設基於種種因素，你無法立即與人建立無私的互動關係，不妨試著養寵物或種植植物，也會有所幫助。養過寵物的人都知道，寵物無條件的愛與陪伴，會讓人在這樣的關係中獲得療癒。不過，雖然養寵物是不錯的方法，但最終還是要回歸到人與人之間無私的關係互動，才能真正帶來驚人的療癒力。

如果有人問我：「妳身為精神科醫師，會用什麼方式幫助患者提升自尊感？」我的答案正是——在診間裡不帶任何私心地與患者對話。

3 第二階段：找到心靈導師

——身邊就有高自尊的人

寫出有趣小說的作家、拍出好電影的導演，基本上都可以列出一串自己心目中嚮往的小說家和導演名單。高自尊的人也是如此，身邊也總是有許多幫助他們提升自尊感的人。

「心靈導師」這個詞，雖然聽起來有點濫情且落入俗套，但人終其一生都需要心靈導師。大部分的人會以為，心靈導師指的是「成功的榜樣」或「自己渴望成為的那種人」，但心靈導師同時也是在身旁，拿著「尊重」和「客觀」的鏡子映照著我們的人。

很慶幸的是，我的父母正是那樣的人。父親在鄉下務農，雖然學歷不高，但自學漢字很長一段時間，甚至還當上地方鄉長。我在念醫學院時，有段時間讀書得很煩，跟父親說我想休學，父親二話不說就答應了。就連結婚帶另一半回家時，父親在意的不是對方的學歷、職業、財產，只問了我對方的人品好不好。其中，我最感謝的是父親對待母親的方式。母親在我結婚那年得了腦中風，導致右腳行動不便，說話口齒不清，智力也開始衰退。然而，父親對母親總是無微不至的照顧，無論是參加聚會、或是出國旅行，他都把母親帶在身邊，形影不離。

我時常覺得，沒有什麼比看到父、母親互相尊重的畫面，更能讓孩子提升自尊感的了。別說是青少年時期時，就連過了三十歲、四十歲，當了媽之後的我，有時都不好意思說自己是大人，替自己的不成熟感到羞愧。這時光是看到父、母親，就讓我相信自己也一定可以成為像他們一樣成熟穩重的人。

我的另一位心靈導師，是我的老公。娶了當醫生的老婆，家事和育兒沒一樣做得好，但他卻說要職業婦女同時兼顧家事和育兒，反而才更奇怪。結婚第二年，剛好遇到中秋節，我卻要留在醫院值班。如果跟公婆說不回去過節，肯定會讓他們不開心。記得當時，老公是這麼對公婆說的：「把前往醫院向她求救的病人趕回家，好讓她回婆家煎煎餅，這樣做對嗎？您真的是這樣認為嗎？」當然，就算老公沒有這麼說，我也是不會回去的。

幾年前，在我任職的醫院裡，曾發生因員工的故意行為，造成醫院和患者間的利益衝突。知道這件事後的我，在醫生的良心與醫院員工的立場之間拉扯，內心相當糾結。當時有人對我說：「不要愧對醫生這份志業。雖然妳公開這件事，在韓國的社會氛圍裡，會被當成是內部舉發者，可能會飽受痛苦、被迫辭職。但若妳最後的決定是堅持醫生的良心道德，我會以妳為榮。」說這句話的人，正是我的老公。他的話讓我鼓起勇氣在醫院申請召開懲戒委員會，兩名員工因此被開除。在這件事告一段落後，我也立刻遞出辭呈。對我來說，有一對踏實過生活的父母，和尊重自己選擇的伴侶，讓我得以提升自尊感，真的是很幸福和值得感謝的事。

從這個意義上來看，我們也可能會成為某人生命中的心靈導師，或是對某人造成影響。光是認知到這件事，就能讓我們加深自尊感。

無論如何，我很幸運能夠從父母和伴侶身上獲得自尊感的滿足。然而，令人遺憾的是，許多人在家庭裡無法獲得這樣的滿足感。與其設法改變家人，不妨試著尋找其他擁有高自尊的心靈導師。

很多人會說，我身邊根本沒有這樣的人，無論是父母、師長、職場上司、學長姐或朋友，找不到可以成為自己心靈導師的人。我在《下班後的生活哲學》這本書中，寫有關自尊感的文章時，曾杜撰了幾個低自尊的角色，並命名為「小孬孬、無臉男」；而高自尊的人物角色，則命名為「有臉男」。有趣的是，我收到很多讀者的回饋，不外乎是「小孬孬的故事根本就是在說我！」「我身邊很多無臉男。」但幾乎沒有任何人提到關於「有臉男」的話題。這代表著大多數的人不像有臉男一樣活得如此有自尊，身邊也不認識像有臉男這樣高自尊的人。

倘若我們從身旁親近的人，或是生活周遭中找不到可以成為自己心靈導師的人，就必須把自己生活的各種領域區分開來，例如分成工作、家庭、愛情、友情等，在各種不同的領域裡，有意識地努力尋找能夠幫助自己提升自尊感的導師。舉例來說，即使在職場上和自己個性不同，也不是很熟的人，但假如他對待客戶的方式是我很欣賞的，那麼至少可以先試著從這部分開始學習。

在興趣的領域也能從中找到值得學習的對象。雖然不知道對方在職場上是什麼樣的人，但藉由參加社團活動，也可以找到能帶給自己正面影響的人。之所以必須像這樣把角色領域區分開來，尋找值得效仿的對象，是因為就像前面提到的，人與人之間相互的影響，效果最為顯著。或是也可以透過間接的方式去感受心靈導師的陪伴。小時候，學校往往要求我們閱讀許多偉人傳記，藉此間接接觸到許多高自尊典範，書中的心靈導師也會影響我們很深。

但長大後隨著認識的人越來越多，倘若這些關係無法發揮正向作用，我們反而因為負面的人際關係陷入煩惱，也沒有心思去尋找身邊的「有臉男」。在生活周遭裡尋找隱藏起的高自尊典範，是很重要的事情。

能夠成為高自尊典範的人，並不是沒有任何缺點，或是做了什麼了不起事蹟的人，而是懂得看重自己，踏實過生活的人。我身邊也有像這樣的人，高中學妹維洛妮卡就是這樣的人。我們讀的是天主教學校，維洛妮卡是學校裡的風雲人物，幾乎全校的人都認識她，個性相當活潑外向。她的志願是成為一名修女，但在進入修道院的前一天，因為父親反對，讓她的夢想受挫。有時看到維洛妮卡和先生吵架傷心難過的樣子，不禁會替她感到惋惜：「如果當時她能夠進修道院，現在應該過得更好。」我想，她大概能成為一位天真爛漫的修女，如同電影《真善美》（*The Sound of Music*）主角瑪莉亞一樣，帶給許多人溫暖的力量。儘管如此，維洛妮卡最近在天主教雜誌找到一份插畫家的工作。雖然她並不是美術專科出身，但因為一直持續畫畫不懈，才如願獲得這份工作。她是靠自己的力量，去尋找能讓自己感受到自我價值的工作。我們身邊也一定有類似像這樣的人，能夠運用正向事物滿足自我，正是擁有高自尊的人。

我遇過一位名叫恩熙的患者。恩熙從小在冷漠專制的父親底下長大，母親在小時候與父親離婚，直到長大後她才與母親相認。但因為母親個性不成熟，經常恣意拿恩熙的信用卡亂刷，絲毫沒有盡到為人母親的責任。這樣父母長大下的恩熙，在那之後只要遇到稍微對自己好一點的男人，不管對方做錯什麼，她都願意容忍。即使受到肉體、精神、物質上的剝削，只因對方對她好這個理由，她就甘願默默承受。最後她因為憂鬱症和恐慌症前來就醫，她是這麼說的：

我好累，就算安慰自己：「哪有什麼比得上母親陪在身邊來得好，加上現在工作穩定，薪水也很多，跟其他人比起來，我已經算過得好了。」但我的心裡還是很悶，自己像是住在臭水溝裡的老鼠。

只靠自我安慰，無法改變生活，也無法提升自尊感。倘若身旁的人只會剝削自己，不懂得尊重自己，對未來也不會有任何憧憬。曾有另一位患者到心理諮商中心一段時間後，還是前來就醫。他說諮商中心「清空內心想法，把所有一切都放下」的說法，對他來說並不管用，即使不斷安慰自己「我沒事」，也無法改善。因為身邊沒有懂得尊重自己的人，生活周遭沒有能夠帶給自己正面影響的人。唯有感受到自我價值時，才能提升自尊感。

「自我安慰」無法改變生活，

也無法提升自尊感。

唯有感受到自我價值時，

才能提升自尊感。

4 第三階段：培養邏輯思維能力

——這是真的嗎？

第三階段是培養邏輯思維能力。誠如前面所述，自尊感與心智能力密切相關。一提到培養邏輯思維能力，或許有些人會覺得很困難，其實，邏輯思維能力是我們生活所需的基本能力。倘若一個人缺乏邏輯思維力，在人際關係裡會一直遇到問題，也會讓自己遠離正面事物。

我曾遇過一位沒做過檢查，卻自述有憂鬱症的患者，我問他：「怎麼知道自己得了憂鬱症？」他說他曾經在 Youtube 上看到某位醫生教大家如何診斷憂鬱症的影片，方法是用手按壓自己胸口，並發出「啊」的聲音。如果胸口會痛，就表示累積了許多怒氣，這是憂鬱症的症狀，因此才會來醫院就醫。我聽了半信半疑，還特地查了一下資料，沒想到網路上真的流傳著這種方法。

過去資訊不易取得，然而在資訊爆炸的現代社會，判斷哪些是我們真正需要的資訊，並懂得確認資訊的正確性是很重要的。

判斷資訊的合理性，對治癒心理疾病也很有幫助。因此，我非常推薦患者養成閱讀習慣。有些人會問，網路上已經有這麼多資訊了，有必要看書嗎？但相較於網路上繁雜的資訊，書本內容的可信度更高，資訊也相對正確。雖然市面上也有很多錯誤百出的書，但只要閱讀時稍加用心留意，很容易就可以判斷出這本書的內容是否值得相信。此外，因為閱讀需要投入很長的時間，可以藉此激盪出自己的想法。

經常閱讀有助於培養邏輯思維能力，也有助於自主學習能力的養成。不只是學生時期需要具備自主學習力，我們出社會後，不會有人告訴你：「這個一定要學會。」許多人在十幾歲時因為義務教育不得不讀書；二十幾歲用忙著準備就業的理由推託；三十幾歲時又說自己忙於工作沒時間進修……就這樣，漸漸離閱讀越來越遠。當一個國家的文化水平越趨於成熟，壯年讀者的比例也會跟著提升。年輕時人們渴望拓展體驗的廣度，隨著年紀增長，反而會渴望加深體驗的深度。因為人類總是希望自己可以越來越成熟，透過閱讀這種間接式的體驗學習，能充實自己的深度。

只憑自己的經驗評估判斷的人，會逐漸失去客觀性。最典型的例子，像是有些人常說：「以我的經驗來說不是這樣的。」然而，單憑自己的經驗是有局限的。就像孩子們以為眼中的世界就是全世界，幼稚園孩子以為所有小朋友都跟自己一樣，但長大成人後就會知道，還有其他不同的世界存在。即使沒有親身經歷過，透過別人的經驗分享，也懂得從中找到自己所需的合理資訊。如果能夠持續主動培養覺察事物的能力，調適自我情緒的能力也會提升。因為懂得鍛鍊心智的人，也能妥善處理自己的情緒。

此外，培養邏輯思維能力，也有助於提升言語表達能力。言語是自我表達的方法，是建構自己的未來，讓頭腦變得清晰的工具，也是拓展人際關係的手段。從一個人說的話，完全可以感受到其人品，就像是在言語裡注入了靈魂，因此，許多心理治療會透過言語表達的方式進行。

要讓自己說出口的話更有力量，必須多使用理性語言。低自尊的人常覺得自己不善表達，害怕與人交談或上臺發表，飽受自卑感所苦。事實上，說話的多寡或強度並不重要，重點在於是否運用理性的語言表達，言語是否具有力量能帶領自己前進。如果想說出對自己有幫助的話，必須要經常練習，並非自然而然就能脫口而出。

多使用理性語言，就能提升言語表達能力，讓自我成長，並建立自尊感。以我自己為例，我其實是不太懂文學的人，但對於詩的力量卻很有共鳴。詩人能以短短幾句話表達內心的千言萬語，看似平凡卻又偉大。像這樣，透過閱讀詩，當內在累積許多理性的正向訊息，就能讓自己說出口的話變得更有力量。

5 第四階段：鍛鍊直覺思維

——感覺似乎不對勁

藉由前三個階段，結合正向情緒體驗和邏輯思維能力後，就能發展出榮格提出的「直覺」。直覺是指毋須經過理論分析或理性評估過程，就能直接判斷的能力。直覺並不等於非理性，而是能夠從大量的資訊中，自動做出對自己最有利選擇的能力。

擁有強大的直覺，憑直覺行事並獲得成功的人，在平時會不斷累積合理的資訊，他們也同樣經歷過無數次的失敗和成功。事業有成的企業主們，大部分都是直覺很強的人。他們並不是跳過理性評估的過程，而是在決定某件事的同時，腦海中早已迅速想過好幾十種可能的版本，經過全面性考量後做出判斷，這就是瞬間出現的直覺。直覺敏銳的人，對人事物的洞察力很高。很多人認為直覺敏銳的人很偏執，但他們只是傾向於「察覺他人未發掘之處」。

相信大家應該都做過MBTI性格測驗（Myers-Briggs Type Indicator），這項測驗是以榮格的「心理類型」理論為基礎，分析人類的性格特徵。榮格提出的心理類型，大致上可分為態度類型和功能類型。態度又分為「內向型」和「外向型」，功能則分為「思考—情感型」和「感知—直覺型」。

這裡所謂的感知（sensation），就像字面上的意思，是透過眼睛、耳朵等感官直接觀察了解事實或事件，傾向於記憶細節並使記憶具體化。按部就班執行工作的人，正是感知力很強的人，也很重視具體事實。

另一方面，相較於五感，直覺（intuition）型的人更仰賴靈感。比起具體事實或事件，他們更注重背後所隱藏的意義和可能性。直覺型的人傾向於掌握整體性，雖然經常遺漏細節，但當他們在處理充滿挑戰且極為複雜困難的事情時，表現反而更出色。直覺的力量主要展現在迅速性和預測性上，他們可以看到別人沒看到的可能性和未來展望。簡單來說，他們的「嗅覺」很敏銳，能夠嗅到巨大危機或機會的「味道」。

你或許會納悶，為什麼直覺思維與自尊感有關？低自尊的人通常在開始做某件事前，會列出計畫A、計畫B、計畫C……擬定各種計畫後，才開始嘗試新的事物。我曾遇過一位患者，他決定做任何事前，都會先擬定十個方案。即便是一件小事，也會浪費一整天的時間思考規劃。他一定要把所有可能的變數全盤考慮過後，執行起來才有安全感。

規劃周全並不代表低自尊，而是低自尊的人，他們害怕當機立斷，對自己的決定沒有信心，所以會藉由各種方式拖延。反之，高自尊的人，就算可能會失敗，也會迅速應對處理。因為他們相信自己的能力，而直覺力正是來自這種相信自己的力量。

想把事情做到一絲不苟、做事謹慎小心、力求完美表現的組長，有時候在組員的眼裡看來，卻被認為是反覆無常、優柔寡斷、無法輕易下決定的人。這樣的人通常自尊感很低，會一直不斷問老闆意見。站在組員的立場，組長應該要有自己的主見，去說服老闆才對。在現今社會中，越來越重視直覺力。由於環境變化迅速、資訊量爆炸，因此勝出的關鍵不是制定完美計畫，並按照計畫執行，而是在執行的過程中，能夠不斷修改調整方向的心態。

對低自尊的人而言，他們很在意別人的評價，難以接受這種工作方式。只要工作方向發生變化，他們不是主動採取行動，而是先想到：「為什麼不照我們原本討論的方式去做？是瞧不起我的方案嗎？」

另一方面，鍛鍊直覺思維後，可以避免危險狀況。一旦察覺到有點不對勁，就會立刻抽身。平時經常培養正向特質的人，直覺力越強，能以直覺分辨出自己是否處於「良好的狀態」，儘量避免讓自己處於「不好的狀態」。事實上，每個人都具備這種能力。

拿我自己來說，雖然我也是為人父母，但開了診所後，站在精神科醫師的角度，我覺得替兒童病患看診，比成人病患來得要辛苦。回首當年，我在決定專業科目時，除了精神科外，我也考慮過內科或診斷放射線科，但壓根沒有把兒童青少年科納入選項，這就是直覺的力量。目前在我的診所裡，兒童和青少年病患也不多。如果碰到兒童患者，我也會引介他們到鄰近的兒童精神科門診或大醫院的兒童精神科就醫。

能夠迅速放棄「自己做不來的事情」，只專注在「自己擅長的事情」，是直覺力發達者的特徵。他們不會認為這是失敗，從這點來看，也意謂著他們擁有穩定的高自尊。

6 第五階段：提升執行力

——做就對了！

能夠充實自己的邏輯思維，並增進正向經驗，藉此發展出直覺力，執行力也會跟著提升。一個擁有高自尊的人，具有強大的執行力。知名球鞋品牌 NIKE 的廣告策略是激發人們的渴望，對主宰自己人生心生渴望，他們最廣為人知的廣告標語正是：「做就對了！」（Just do it.）

市面上許多心理書籍較少著墨於執行力這部分，然而，**執行力就是自尊的力量**。低自尊的人，執行力也較弱。因為害怕失敗，所以不敢採取行動，或者總是會預先設想失敗時的狀況，這是用假自尊武裝自己的人經常有的表現。

對自己評價很低的人，總是抱著「我真的能做到嗎？」的想法，遲遲不敢採取行動；渴望獲得成功和認同的人，則是不想面對失敗時的負面評價，因而抗拒行動。許多在學生時期功課表現優異、自認自己很聰明的人，常有這樣的表現。因為一直以來，他們總是備受肯定，大家都認為他們是最優秀、最棒的人，因此無法接受不被認同的自己，這樣的人正是戴著「假自尊」面具的人。

我認為這兩種人的出現，是把失敗與個人價值劃上等號的社會氛圍所產生的副作用。不容許失敗的社會氛圍，當然需要改變，但要做到這點，我們也必須提升自己在生活中的執行力。

當執行力提升，自我調適力也會跟著提升。就像經常運動，身體自然會找到平衡狀態；執行力提升後，也會找到蓄積能量的方式，也就是自我調適力。與個性無關，任何人都擁有強大的執行力。即使是內向的人，也具有充分的執行力。

如果說低自尊的人，是任憑他人、環境、機運決定自己的命運，那麼高自尊的人，是專注在自己可以做到的事情，即便是微不足道的小事。那正是他們可以持續維持自尊感的原因。

第 6 課

邁向成熟的自尊

我的靈魂絕不懦弱，

絕不顫慄，

哪怕在風暴肆虐之地。

——摘自艾蜜莉‧勃朗特（Emily Brontë）〈我的靈魂不懦弱〉

1 束縛我的兩件事

前面我們提到了假自尊與真自尊的差異，如果用一句話說明兩者關鍵性的差異，一個停留在過去、一個著重於未來，一個重心擺在別人身上、一個焦點在自己身上。

真正的自尊感，是能專注於現在的自己。當一個人懂得專注於現在的自己，就表示他已經能以成熟的方式面對自己的過去與他人。

然而，要做到不受過去束縛，不被他人左右，並不是件容易的事。我一直強調一個觀點，要觀察自己目前生活的模式，並從中找到解決問題的方法。但許多人比起現在的自己，更在意過去的自己；比起關注自己的行為，更關注他人的反應——尤其是有心理創傷的人，更容易出現這種傾向。要擁有成熟穩健的自尊，必須解決這兩項課題，從過去與他人的束縛掙脫出來。

如何才能擺脫這兩項束縛獲得自由呢？讓我們一起探討實際做法吧！

2 寫下自己的歷史

曾聽過一句玩笑話，經常將「想當年」掛在嘴上，就是上了年紀的徵兆。我們成長的過程，可以說是個人歷史的演進。

然而，個人的歷史並非全然的事實，而是根據自己的解釋。我們無法搭乘時光機回到過去，那麼記憶中的過去，只是我詮釋出來的世界，而非具體事實。我們必須承認，不可能有百分之百純粹的事實存在。因此，比起過去經歷過哪些事情，如何詮釋自己的歷史更重要。雖然過去的事件無法改變，但我們可以改變詮釋的角度。

要如何不受過去束縛，重新面對過去？首先，我們必須站在客觀的角度看事情。父母是什麼樣的人？對我造成了什麼影響？站在第三方的立場客觀觀察，而不是輕易妄下判斷。舉例來說，因為從小家境貧困，所以賺錢是我人生最大的目標，這是一個陳述句，先不去評斷這個目標究竟是好是壞。

第二，不要用「片段記憶」的方式描述自己的過去，而是要以一種編年史般的長篇敘事觀點，以連貫性的方式敘述自己的過去。雖然現在已經沒有人會這樣寫，但有一陣子很盛行一種說法是：履歷表的自傳裡，不要用「我從小在一個和樂的家庭中長大，家裡有一個兒子和一個女兒，我在家中排行老大……」這種流水帳式的寫法。最近則是流行採用凸顯自己的個人特點，令人印象深刻的寫法。不過，這種如行雲流水般的陳述方式也有好處，從長遠的角度來看，人生既不是悲劇也不是喜劇。看起來沒有關聯的事情，也可能會發現彼此的關聯性。像這樣用編年史的方式敘述過去，有助於我們擺脫某個特定時間點的記憶枷鎖。當我們以具有客觀性和連貫性的方式表達自己時，因為對過去有更清楚的認知，內心也會感到格外踏實穩定，這跟前面提到的佛洛伊德精神分析療法效果如出一轍。雖然用說故事的方式敘述自己的過去，與精神分析是不同的層面，但在實際諮商過程中，嘗試努力客觀看待自己的做法，有助於形成自尊感。

像描述歷史般述說自己的過去，是為了確認自己是否能夠「不過度渲染」傷痛的記憶，可以知道自己是否已經擺脫過去的創傷。如果尚未從創傷走出來，很難像這樣平鋪直述地講述自己的過去。

遭遇極端虐待、戰爭、天災人禍等事件，所產生的嚴重心理創傷，是屬於相當專業的治療領域。一般我所接觸到的案例，大多是中等程度的「現在進行式創傷」，像是性騷擾或是被排擠等。遇到類似的狀況，透過正當法律途徑處理，可以有效減緩憤怒情緒，因為能消除當時所感受到的無助感。

此外，有時也會遇到患者深陷在過去的事件裡，無法排除內心的不安和無力感。像是兒時曾遭遇性侵害的受害者，可能會因為對加害者的憤怒，再加上事發當時的無助感，終其一生被「無法相信任何人」、「這世界很危險」、「我很沒用」的想法困住。像這樣很難實際找到加害者讓對方接受法律制裁的狀況，長大後也可能會責怪父母「為何當時要否認迴避？」內心的憤怒難以輕易消除。雖然坊間有許多談論如何處理應對這些問題的心理書籍，但我個人認為，遇到這樣的問題，應該尋求專家的協助。因為如果處理不當，非但不能擺脫心理創傷，甚至會讓自己深陷在過去的負面情緒中。

如果是輕微程度的心理創傷，必須努力讓自己意識到：我現在已經是成熟的大人，不再是過去無能為力的孩子，有足夠的能力可以重新開始。這就是為什麼前面會提到，讓自己增進正向經驗是很重要的一件事。

要做到這點，必須練習客觀地看待過去。過去曾經受過傷害的人，令他們感到難過的是自己當時的無能為力，而無法好好應對處理面臨的狀況。不只是受到嚴重的創傷，即使只是日常生活中輕微的傷害，也會讓他們經歷像這樣無助的時刻。在事發時刻什麼話也說不出口，等事後回過頭來看，已經發生令人氣憤難耐的事情。

也有人會問我：「那麼，難道我不能去找過去曾經傷害我的人算帳嗎？」我認為會問這個問題，本身是一個好的徵兆，因為表示在某種程度上，你已經擺脫過去什麼也做不了無能為力的自己，能夠站在客觀的角度去看當時的狀況。如果真要這麼做，我也不反對，但更重要的其實是去思考，希望現在的自己是什麼樣的人？過什麼樣的生活？

例如，比起去找十五年前曾在學校霸凌我的同學算帳，學會如何和現在職場上難搞的同事好好相處，來得更為重要。倘若能和老是找我麻煩的同事相處得宜，即使日後偶遇當年那位霸凌者，就能坦然地告訴對方：「你以前真的是很過分的人，希望你以後不要再這樣了。」

因為我已經不是過去的我，如果再遇到同樣的狀況，也能評估自己是否有足夠的能力妥善處理應對。一個真正成熟的大人，能客觀地看待自己的過去。除了意識到這件事情不是自己的錯之外，再次面對過去時，也能保持平靜的心情，更重要的是，不會再讓自己陷入同樣的處境。

放下過去曾被學校老師體罰、被學長姐欺負受到的傷害，先把目標擺在不再讓壞人如此對待自己。這麼做有助於提升自尊感，就算是為了克服過去的傷痛，也應該先從設定當下的目標開始做起。

抱著這樣的心態，會改變自己與他人相處的方式。最近許多心理書籍都提出這樣的說法：遭受粗魯無禮的對待時，要適時地表達自己的憤怒，才是愛自己的表現。但從另一個觀點來看，察覺到自己遭受無禮對待，並立即做出反應，反而會讓自己更在意對方的一舉一動，形同在自己身上裝了感應器。然而，做出無禮舉動的人不是自己而是對方，如果能在心理上將自己和對方做出區隔，就不會氣憤的認為：「我被對方鄙視了」，而是會進一步思考：「對方為何會做出如此舉動？」

當然，對別人粗魯無禮是不對的行為。但我認為倘若遇到無禮的人，只要和他們保持距離就好。不需要跟他們吵架，讓吵架的戰場從人生中出局吧。正如前面章節提到的，我們要盡可能減少會對自己造成負面影響的事物，然後丟掉不必要的東西。把重心擺在懂得善待自己、能夠豐富自己生活體驗的人，自然就可以減緩負面事物的影響。把他們變成我的過去，讓他們遠離我的人生，因為我是專注於當下的人。

當一個人擁有穩健的高自尊，即便遇到任何事情也不會受到傷害，原因正是如此。我知道這麼做並不容易，但我們之所以必須要關注和探討自尊感這項議題，是為了尋找真正的治療劑。如果能讓自己比起過去更專注於現在，甚至會出現化敵為友的奇蹟。那些過去曾經傷害我的人，可能某天也會對我展現出尊重的態度。當我們能夠抱著「今天的朋友比昨天的敵人更重要」的想法時，奇蹟也會發生。

3 不要莫名地害怕別人

低自尊的人的特徵是認為世界上只有壞人，因為抱著「我很糟糕、我很沒用」的想法，所以總是會覺得「別人瞧不起我、別人覺得我很沒用」。這些負面想法一旦根深柢固後，很難感受到別人無私的善意，也會影響人際關係。

和自尊感高的人對話時，可以感覺得到對方現在正專注在自己身上，自尊感也會跟著提升。反之，自尊感低的人，他們從來沒有過「全然」和他人（others）在當下此時此地（here & now）相處的經驗。這是什麼意思？意思是他們停留在過去的彼時彼地（there & then），只活在自己（self）的世界裡。和別人談話時，他們總把焦點放在自己身上，而非對方身上。擔心別人會不會覺得自己很奇怪？別人對我說的話有什麼想法？過度在意對方的眼光。乍看之下，好像是配合對方，但實際上並非如此。無論是對他人漠不關心，還是戴上假面具迎合對方，焦點在內的人，會一直很在意別人的眼光。他們並不關心別人，很難自然而然地和別人開啟一段對話。無法真誠地表達自己，因此難以和別人親近。

和別人聊天講一講會發現我都在說自己的事情，不知道該怎麼和人聊天才能提升人際關係。

不過能夠像這樣意識到自己對他人的漠不關心，事情還有轉圜的餘地。心智尚未成熟的孩子，只在乎自己在乎的事情。因此在青少年時期，必須要慢慢培養同理心，增進與人溝通的能力。就算是上了年紀的人，如果只活在自己的世界裡，也一樣無法獲得他人的尊重。

就感性層面，他們缺乏同理別人的能力；在理性層面，也是不懂人情世故的人。換句話說，他們只關心自己，是不成熟的人。令人意外的是，這樣的人很多。他們總說：「我才不需要別人的好意，別人怎樣我才不在乎。」雖然有些人的確天生自私，但大多數的患者是因為過去從未感受過毫無私心的善意，在人際關係中屢屢受挫，不知道如何與他人相處，才會形成反社會人格。如果無法把「過去的自己」和「現在的自己」區隔開來，一直抱著反社會主義的世界觀，可能會對他人充滿敵意。事實上，很多嘴巴上說自己不需要別人好意的人，其實內心其實很渴望與別人分享自己的生活和心情。

阿德勒曾說過，在十個人裡面，會有兩個人對我有好感，七個對我不感興趣，一個對我沒有好感。如果一直把焦點擺在不想遇到「不好的人」，不僅無法認識好人，自己也可能會錯失成為好人的機會。哪怕只要遇到一個願意用無私與尊重的鏡子照亮我的人，就是人生中莫大的祝福。想要遇到這樣的人，必須思考自己是否也能照亮別人。對別人漠不關心的人，某種程度上也是容易受別人影響的人。

4 客觀與尊重是兩面鏡子

每個人都渴望過著幸福的生活，追求幸福並非過分的欲望。幸福不是來自豐功偉業，而是可以一直保持健康快樂的心態生活。真正了解何謂幸福的人，即使遇到困難，也相信自己有能力可以克服難關。

真正的自尊感，指的正是這種信任自己的力量，是人生中必須具備的能力。要培養自尊感，重要的是累積自己內在的「正向能量」，而不是一直在意那些會讓自己感到痛苦的「壞事」。

神話裡的正義女神一手持劍，一手拿著天秤。如果世界上有自尊女神的存在，我想她手裡拿著的應該是兩面乾淨透亮的鏡子。一面是客觀的鏡子向內照著自己，另一面是尊重的鏡子向外照著別人。

「客觀的鏡子」用來照自己，可以避免自己用扭曲的濾鏡看待自己。當然，也不要拿他人的眼光來評價自己，必須要客觀地看待自己的缺點、傷痛，或是優點和成就，才能擺脫低自尊和假自尊。

而用來照別人的則是「尊重的鏡子」。無論是攻擊我的人或稱讚我的人，每個人內在都可能有不為人知的傷痛。我們無法改變別人，因為要不要改變，是他們自己的事情。但我們唯一能做的，就是對每一個人秉持尊重的態度。

我想，我在診間裡的做的事情，其實就是舉著「巨大的尊重之鏡」，努力映照著前來找我的患者。同時，我也不斷鼓勵患者們擦亮自己手上那面客觀的鏡子。

有時，我覺得患者們付診療費來找我，是為了找到這面尊重的鏡子。我常想如果這個社會能多一些人拿著尊重的鏡子，低自尊的人就不必這麼常跑身心精神科診所或心理諮商中心，那該有多好。我衷心期盼人與人之間能夠互相尊重，意識到彼此是社會共同體，每個人都能擁有幸福。

阿德勒曾說，所謂的自立就是「擺脫以自我為中心」。高自尊感的人，對於自己面臨的問題不會有太多的煩惱，因為他們習慣做自己人生的主宰者。擁有高自尊的人，他們對自己身處的環境會帶來積極正面的影響，因為他們不只能洞察自己的內在，也能試著去理解別人看待外界事物的方式。

人的眼睛是看著前方的，當我們感到害怕時，會閉上眼睛。願我們能擺脫不安與恐懼，睜開雙眼，帶著既非正面也非負面的眼光，而是用尊重的眼光看待這個世界。

參考文獻

- 《鼓吹假自尊的社會》，金泰亨著，喬木出版社，2018
- 《氣質與性格檢測表》，閔秉培、吳賢淑、李珠英著，心愛出版社，2007
- 《分析心理學》，李富英著，日角出版社，2000
- 《自尊感課題》，尹弘均著，簡單生活出版社，2016
- 《現代性格心理學》，權席萬著，學識出版社，2015
- 《自我調適力》，金朱煥著，智慧小屋出版社，2011
- 《自尊有毒》，劉翔平著，中信出版社，2014
- 《玩的就是心理學》，牧之著，江西美術出版社，2017
- 《真實的快樂》（*Authentic Happiness*），馬汀・塞利格曼（Martin Seligman）著，洪蘭譯，遠流，2020
- 《用漫畫輕鬆讀懂阿德勒職場勇氣心理學》（マンガでやさしくわかるアドラー心理

学），岩井俊憲、星井博文著，深森 Aki 繪，葉小燕譯，究竟出版，2015
- 《認識人性》（*Menschenkenntnis*），阿爾弗雷德・阿德勒（Alfred Adler），商周出版，2017
- 《發現性格》（*The Temperamental Thread*），傑羅姆・卡根（Jerome Kagan）著，2010
- 《性格的誕生》（*Personality: What Makes You the Way You Are*），丹尼爾・內特爾（Daniel Nettle）著，2007
- 《孩子的自尊感革命》（*Self-Esteem Revolutions in Children*），湯姆斯・費朗（Thomas W. Phelan）著，1996
- 《自尊心：六項自尊基礎的實踐法》（*The Six Pillars of Self-Esteem*），納撒尼爾・布蘭登（Nathniel Branden）著，1995
- Anthony, E. J. (1987). Risk, vulnerability, and resilience : An overview. In E.Anthony. & B. Cohler (Eds). The invulnerable child (3-48). NewYork: Guilford Press.
- Ashby, F. G., Isen, A. M., & Turken, A. U. (1999). A neuro-psychological theory of positive affect and its influence on cognition. Psychological Review, 106, 529-550.
- Aspinwall, L.G., & Taylor, S.E. (1997). A stitch in time: Self-regulation and proactive coping.

Psychological Bulletin, 121, 417-436.

- Bouchard, T., and McGue, M. (1990). Genetic and rearing environmental influences on adult personality: An analysis of adopted twins reared apart Journal of personality, 68, 263-282.
- Camevale, P. J., & Isen, A. M. (1986). The influence of positive affect and visual access on the discovery of integrative solutions in bilateral negotiating. Organizational Behavior and Human Decision Processes, 37,1-13.
- Crockett, M. J., Clark, L., Tabibnia, G., Lieberman, M.D.,& Robbins, T.W.(2008). "Serotonin modulates behavioral reactions to unfairness." Science, 320, 1739.
- Dyer, J. G., & McGuinness, T. M. (1996) Resilience: Analusis of the concept. Archives of Psychiatric Nursing, 10, 276-282.
- Estrada, C., Isen, A. M.., & Young, M. (1994). Positive affect influences creative problem solving and reported source of practice satisfaction in Physicians. Motivation and Emotion, 18, 285-299.
- Estrada, C., Isen, A. M.., & Young, M. (1997). Positive affect facilitates integration of information and decreases anchoring in reasoning among physicians. Organizational Behavior and Human Decision Processes,72, 117-135.

- Forehand, R. (1992). Parental divorce and adolescent Maladjustment: Scientific inquiry vs. public information. Behaviour Research and Therapy,30, 319-328.
- Galbraith, R. (1982). Sibling spacing and intellectual development: A closer look at the confluence. models. Developmental Psychology, 18, 151-173.
- Garmezy, N. (1996). Reflections and commentary on risk, resilience, and development, In Haggerty, P. J., Lonnie, P. S., Garmezy, N., & Rutter, M.(Eds.), Stress, Risk, and Resilience in Children and Adolesents-Process, Mechanism, Intervention. New York: Cambridge University Press.
- George E. Vaillant. Triumphs of Experience: The Men of the Harvard Grant Study. Cambridge, MA: Belknap Press of Harvard University Press, 2012. 457.
- Greene, T.R., & Noice, H. (1988). Influence of positive affect upon creative thinking and problem solving in children. Phychological Reporst,63, 895-898.
- Isen, A. M., Daubman, K. A., & Nowicki, G. P. (1987). Positive affect facilitates creative problem solving. Journal of Personality and Social Psychology. 52(6), 1122-1131.
- Isen, A. M.., Johnson, M. M., Mertz, E., & Robinson, G. (1985). The influence of positive affect on the unusualness of word associations. Journal of Personality and Social Psychology, 48, 1413-1426.

- Isen, A. M., Niedenthal, P., & Cantor, N. (1992). The influence of positive affect on social categorization. Motivation and Emotion, 16(1), 65-78.
- Kandel, E. R. (2006). In search of memory: The emergence of new science of mind. New York: Norton.
- L. E. Sandelands, J. Brockner, and M. A. Glynn (1988) "If at first you don't succeed, try again: Effects of Persistence-performance contingencies,ego-involvement, and self-esteem on task-performance." Journal of Applied Psychology, vol. 73, pp. 206 -208.
- Luther S. S., Cicchetti, D., & Becker, B. (2000). The construct of resilience: A critical evaluation and guidelines for future work. Child Development, 71(3), 543-562.
- Lykken, D., & Tellegen, A. (1996). Happiness is a stochastic phenomenon. Psychological Science, 7, 186-189.
- McEwen, B. (2000). "Allostasis and allostatic load implications for neuropsychopharmacology." Neuropsychopharmacology, 22, 108-124.
- Olsson, C. A., Bond, L., Burns, J. M., Vella-Brodrick, D. A., & Sawyer, Sawyer, S. M. (2003). Adolescent resilience: A conceptual analysis. Journal of Adolescence, 26, 1-11.

- Ostir, G., Markides, K., Black, S., and Goodwin, J. (2000). Emotional well-being predicts subsequent functional independence and survival. Journal of the American Geriatrics Society, 48, 43-478
- Plomin, R. , and Bergeman, C. (1991). The nature of nurture: Genetic influence on environmental measures Behavioral and Brain Sciences, 14, 373-427.
- Polk, ;. V. (1997). Toward a middle-range theory of resilience. Advances in Nursing Science, 19, 1-13.
- Post, S., & Neimark, J. (2007). Why good things happen to good people: The exciting new research that proves the link between doing good and living a longer, healthier, happier life. New York: Broadway Books.
- Poffenberger, A. T. (1930). "The development of men of science." Journal of Social Psychology, 1, 31-47.
- Reivich, K., & Shatte, A. (2002). The resilience factor : Seven essential skills for overcoming life's inevitable obstacles. New York: Broadway Books.
- Rosch, E. (1975). Cognitive representations of semantic categories. Journal of Experimental

Psychology: General. 104, 192-233.

- Rutter, M. (1980). The longterm effects of early experience. Developmental Medicine and Child Neurology, 22, 800-815.
- Rutter, M. (1985). Resilience in face of adversity: Protective factors and resilience to psychiatric disorder. British Journal of Psychiatry, 147, 598-611.
- Seligman, M. E. P. (2002). Authentic happiness: Using the positive psychology to realize your potential for lasting fulfillment. New York: Free Press.
- Staw, B. , Sutton, R. , and Felled, L. (1994). Employee positive emotion and favorable outcomes at the workplace. Organization Science, 5, 51-71.
- Tellegen,A., Lykken,D. T., Bouchard, T.J., Wilcox, K.J., Segal,N.L., and Rich,S.(1988). Personality similarity in twins reared apart and together. Journal of personality and Social Psychology, 54, 1031-1039.
- Van der Kolk, B., Perry, C., and Her-man, J. (1991). Childhood origins of self-destructive behavior. American Journal of Psychiatry, 148, 1665-1671.
- Water, E., & Sroufe, L. A. (1983). Social competence as developmental construct. Developmental

Review, 3, 79-97.

- Waugh, C., & Fredrickson, B. (2006). Nice to know you: Positive emotions, self-other overlap, and complex understanding in the formation of a new relationship. The Journal of Positive Psychology, 1(2), 93-106.
- Werner, E. E., & Smith, R. S. (1982). Vulnerable but invincible: A longitudinal study of resilient children and youth. New York: McGraw Hill.
- Werner, E. E., & Smith, R. S. (1993). Overcoming the odds: High risk children from birth to adulthood. New York: Cornell University Press.
- Witter, R. A., Okun, M. A., Stock, W A., and Haring, M. J. (1984). Education and subjective well-being: A meta-analysis. Education Evaluation and Policy Analysis, 6, 165-173.
- Wrzesniewski, A., McCauley, C. R. , Rozin, P. , and Schwartz, B. (1997). Jobs, careers, and callings: People' s relations to their work. Journal of Research in Personality, 31, 21-33.

心│視野　心視野系列 097

脆弱的假自尊

為何再怎麼努力，內心仍然空虛不安？

나를 아프게 하지 않는다 : 상처만 주는 가짜 자존감 , 나를 지키는 진짜 자존감

作　　　　　者	全美曔
譯　　　　　者	鄭筱穎
封　面　設　計	謝佳穎
內　文　排　版	顏麟驊
責　任　編　輯	洪尚鈴
行　銷　企　劃	蔡雨庭
出版一部總編輯	紀欣怡

出　　版　　者	采實文化事業股份有限公司
業　務　發　行	張世明・林踏欣・林坤蓉・王貞玉
國　際　版　權	王俐雯・林冠妤
印　務　採　購	曾玉霞
會　計　行　政	王雅蕙・李韶婉・簡佩鈺
法　律　顧　問	第一國際法律事務所　余淑杏律師
電　子　信　箱	acme@acmebook.com.tw
采　實　官　網	www.acmebook.com.tw
采　實　臉　書	www.facebook.com/acmebook01

I　S　B　N	978-986-507-767-9
定　　　　價	330元
初　版　一　刷	2022年4月
劃　撥　帳　號	50148859
劃　撥　戶　名	采實文化事業股份有限公司
	104臺北市中山區南京東路二段95號9樓
	電話：（02）2511-9798　傳真：（02）2571-3298

國家圖書館出版品預行編目資料

脆弱的假自尊：為何再怎麼努力，內心仍然空虛不安？／全美曔著；
鄭筱穎譯 .-- 初版 . -- 臺北市：采實文化事業股份有限公司，2022.04
224 面；14.8×21公分 . -- （心視野系列；97）

譯自：나를 아프게 하지 않는다
ISBN 978-986-507-767-9（平裝）

1. CST：自尊　2. CST：自我實現

173.75　　　　　　　　　　　　　　　　　111002417